HISTORIQUE

DE LA

CRÉATION DE LA VILLE, DU CHATEAU ET DU PARC

DE

VERSAILLES

SES EAUX, LEUR QUANTITÉ, LEUR QUALITÉ

DEPUIS LOUIS XIII JUSQU'A CE JOUR

PAR

MAXIMILIEN GAVIN

Inspecteur principal du Service des Eaux de Versailles, en retraite,
Officier de l'Instruction publique,
Chevalier de l'Ordre de Saint-Michel,
Membre correspondant de la Société d'hydrologie médicale de Paris,
Membre de la Société d'Agriculture et des Arts de Seine-et-Oise,
De la Commission des Antiquités et des Arts de ce département
Et de la Société Archéologique de Rambouillet, etc., etc.
Cet ouvrage, honoré de la souscription de divers Ministères, a été l'objet des récompenses
suivantes :
Médaille d'or du Ministre de l'Intérieur
Sur la proposition de l'Académie de Médecine (service des épidémies)
Médaille d'argent du Ministre de l'Agriculture,
Sur la proposition de la Société Nationale d'Agriculture de France.
Grande Médaille d'honneur de la Société d'Encouragement au bien
(hygiène publique).

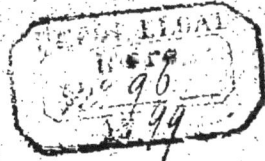

PARIS

SOCIÉTÉ D'ÉDITIONS SCIENTIFIQUES

PLACE DE L'ÉCOLE DE MÉDECINE
4, Rue Antoine Dubois, 4
1899

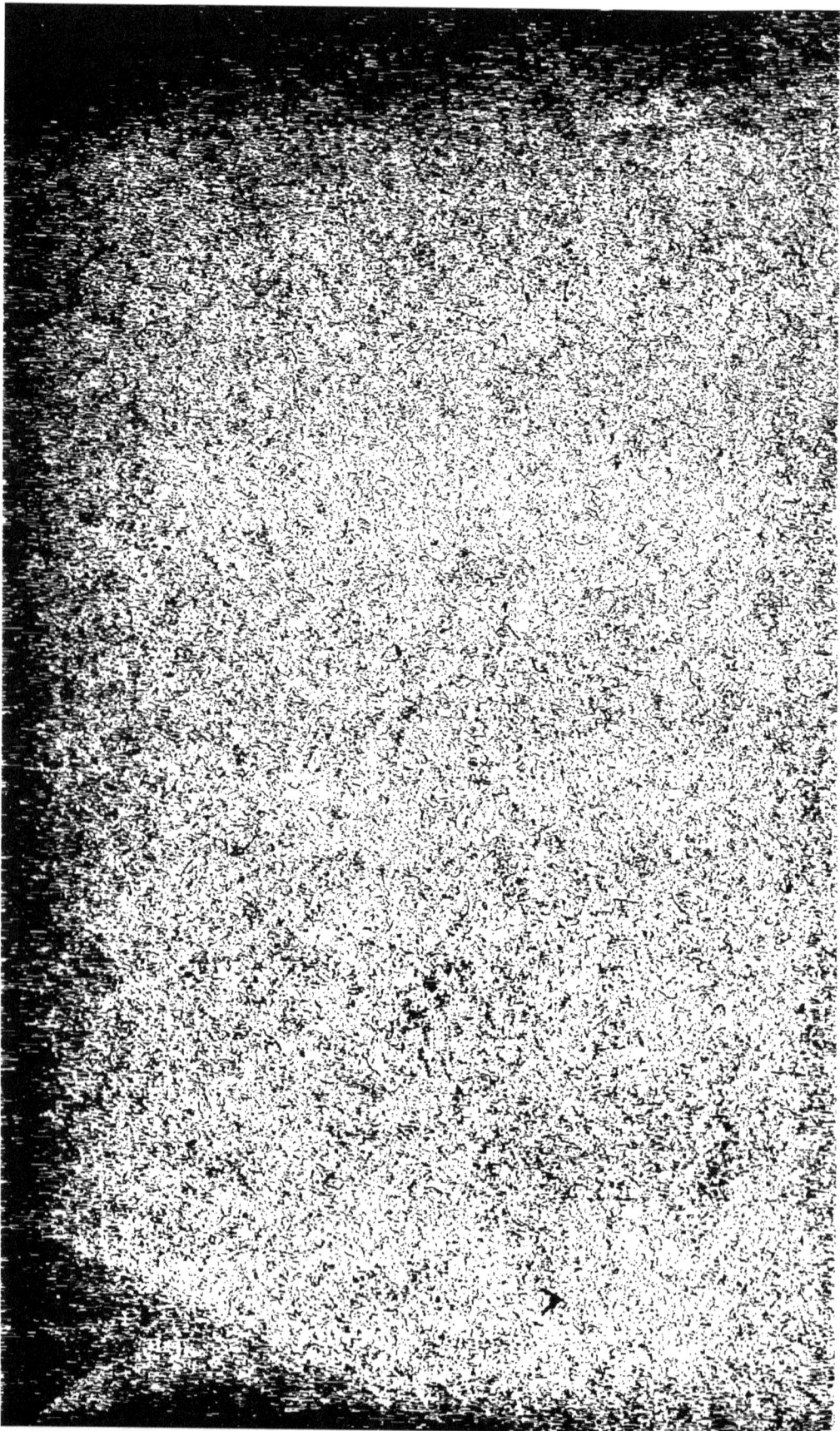

HISTORIQUE

DE LA

CRÉATION DE LA VILLE, DU CHATEAU ET DU PARC

DE

VERSAILLES

SES EAUX, LEUR QUANTITÉ, LEUR QUALITÉ

DEPUIS LOUIS XIII JUSQU'A CE JOUR

4067

HISTORIQUE

DE LA

CRÉATION DE LA VILLE, DU CHATEAU ET DU PARC

DE

VERSAILLES

SES EAUX, LEUR QUANTITÉ, LEUR QUALITÉ

DEPUIS LOUIS XIII JUSQU'A CE JOUR

PAR

MAXIMILIEN GAVIN

Inspecteur principal du Service des Eaux de Versailles, en retraite,
Officier de l'Instruction publique,
Chevalier de l'Ordre de Saint-Michel,
Membre correspondant de la Société d'hydrologie médicale de Paris,
Membre de la Société d'Agriculture et des Arts de Seine-et-Oise,
De la Commission des Antiquités et des Arts de ce département
Et de la Société Archéologique de Rambouillet, etc., etc.
Cet ouvrage, honoré de la souscription de divers Ministères, a été l'objet des récompenses
suivantes :
Médaille d'or du Ministre de l'Intérieur
Sur la proposition de l'Académie de Médecine (service des épidemies)
Médaille d'argent du Ministre de l'Agriculture,
Sur la proposition de la Société Nationale d'Agriculture de France,
Grande Médaille d'honneur de la Société d'Encouragement au bien
(hygiène publique).

PARIS

SOCIÉTÉ D'ÉDITIONS SCIENTIFIQUES

PLACE DE L'ÉCOLE DE MÉDECINE

4, Rue Antoine Dubois, 4

1899

DU MÊME AUTEUR :

1880. — *Étude sur la qualité des Eaux de Versailles examinées au point de vue oximétrique, en collaboration avec le Dr Rémilly et M. Gérardin, inspecteur des établissements classés de la ville de Paris.*

1887. — *Le Compteur à eau et son origine.*

1889. — *Travaux archéologiques. — La ferrure du cheval de guerre dans l'antiquité et au moyen âge.*

1892. — *Étude sur le service des Eaux de Versailles, dans le passé, dans le présent, ce qu'il peut être dans l'avenir.*

1894. — *Les Mors de brides Italiques, 10 siècles avant l'ère chrétienne.*

À Monsieur EYMARD LACOUR

Docteur de l'Université de Paris
Pharmacien principal de l'Armée
Chevalier de la Légion d'honneur, Officier d'Académie, etc., etc.

Qu'il veuille bien accepter, avec l'assurance de ma vive amitié, mes plus sincères remerciements pour sa précieuse collaboration à la partie scientifique de ce travail.

Maximilien GAVIN.

INTRODUCTION

Le but de ce travail a été de mettre fin à la légende qui veut que l'air de Versailles ne soit pas sain, et que les eaux y soient de mauvaise qualité.

Pour atteindre ce résultat, nous nous sommes livrés à une étude approfondie de son système d'alimentation, ainsi qu'à l'examen des améliorations susceptibles d'être apportées à son hygiène publique.

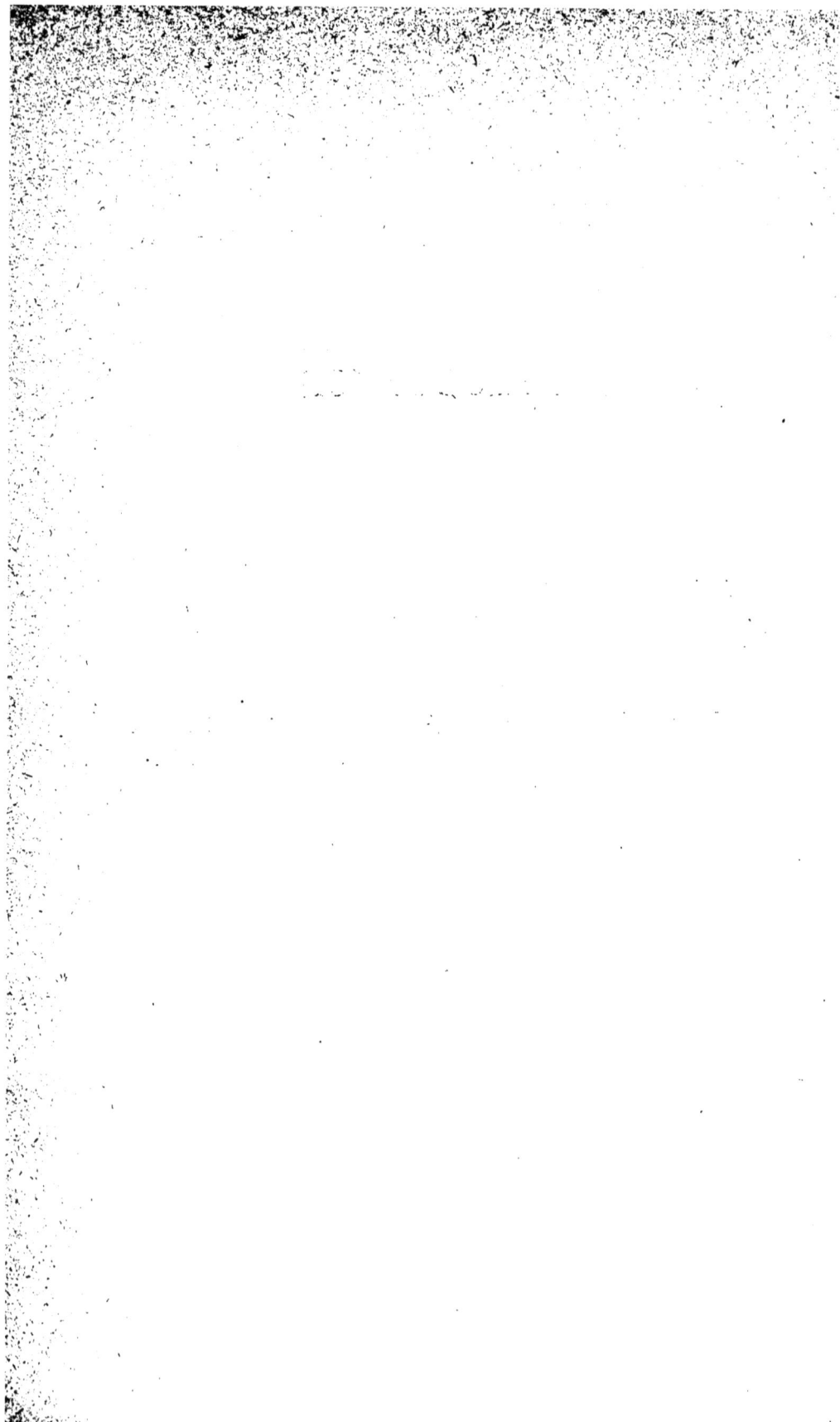

PRÉLIMINAIRES

L'étude sur le service des Eaux de Versailles, qui a fait de notre part l'objet d'une publication dans la *Revue d'hygiène sanitaire*, en 1892, avait pour but de faire connaître, au point de vue technique, l'ensemble de ce service, jusqu'alors inconnu du public, et les améliorations susceptibles d'y être apportées. La question des eaux y était restée entière ; désireux que nous étions de faire de cet intéressant sujet une étude spéciale.

Nous avons donc entrepris ce travail, objet de la préoccupation constante de nombreux hygiénistes, qui n'ont pas eu, comme nous, l'occasion de suivre pendant 40 années, les transformations successives qu'a subi le service des eaux depuis sa création par Louis XIV.

Le rôle exceptionnel que nous avons rempli dans ce service, nous a permis d'étudier la question sous toutes ses faces ; aussi avons-nous considéré comme un devoir d'éclairer non seulement nos concitoyens sur la qualité des eaux qu'ils boivent, mais plus encore les étrangers, attirés à Versailles, par l'attrait de ses souvenirs et de sa salubrité.

En 1741, Versailles allait manquer d'eau, par suite de la diminution du rendement des sources. C'est alors qu'on résolut d'utiliser les travaux hydrauliques de Vauban ; les eaux pluviales provenant des étangs. A cette sage mesure vint s'ajouter l'installation de la machine de Marly, qui devait plus tard, servir à élever l'eau de la Seine, non seulement pour les besoins du Parc, mais encore pour l'alimentation des habitants.

Depuis cette époque jusqu'en 1893, l'eau de la Seine a concouru à alimenter la ville, sans que rien de particulier n'ait été remarqué dans son état sanitaire. *Pendant le règne de Louis XIV, cette eau ne fut pas utilisée comme eau potable. C'est n'est qu'en 1741, sous Louis XV, qu'elle fut admise dans la consommation.*

La dernière période de sécheresse, qui occasionna la disette de 1886 à 1893, fut d'autant plus pénible à supporter par les habitants de Versailles, que le service des étangs fut négligé par suite du manque de crédits d'entretien. C'est en grande partie à cette cause que fut due leur baisse et leur assèchement, agravée encore par un été très sec, et un hiver rigoureux.

Heureusement pour Versailles, que la direction du service des eaux fut confiée à M. l'ingénieur en chef du département, qui prit de suite toutes les mesures nécessaires pour parer à l'imminence du manque d'eau.

Nous devons nous féliciter qu'une circonstance indépendante de notre volonté, nous ait mis dans l'obligation de retarder la publication de notre dernière étude ; aussi nous a-t-il semblé intéressant pour nos lecteurs, et avec l'autorité que nous donnent 40 années d'exercice dans l'administration de ce service, de résumer dans cette introduction, les améliorations apportées dans son ensemble, par le nouveau directeur.

Plus que personne, nous sommes qualifiés pour apprécier l'œuvre et les efforts entrepris par cet ingénieur.

Nous allons, dans ses grandes lignes, en faire l'exposé.

Mais avant de procéder à leur description, qu'il nous soit permis, comme seul survivant de l'ancien personnel dirigeant de ce service, de rendre un dernier hommage à ceux qui, pendant une période de près d'un siècle, en ont été les directeurs.

L'évocation de leur nom, semble, étant donné la circonstance, la célébration du centenaire de cet important service.

Ce sont :

MM. Goudoin, Nepveu, Blondel, Séguy, Dufrayer, Grille, Roza de Mandres et Fouraignan.

Les Inspecteurs principaux :

MM. Bajat, Trochu, Richard, Douchain et l'auteur de cet ouvrage.

Ce rappel nominal nous impose, en quelque sorte, le devoir de présenter à nos lecteurs, le nouveau directeur, M. Berthet.

M. Berthet, ingénieur en chef des ponts et chaussées du département de Seine-et-Oise, prenait, le 1er janvier 1891, possession du service des Eaux de Versailles, nouvellement annexé à son service, et cela en pleine crise, c'est-à-dire à la suite d'un été extrêmement sec, et d'un hiver d'une rigueur exceptionnelle.

M. Berthet arrivait à conjurer cette crise en épuisant tout d'abord les dernières ressources d'approvisionnement ; puis, pour motiver les nouvelles mesures qu'il se proposait de prendre, il faisait procéder à l'analyse de toutes les eaux du service. A ce sujet, il présentait plusieurs projets d'épuration ; mais par insuffisances budgétaires, il ne fut pas donné suite à ses propositions.

En présence d'une situation qu'il ne pouvait envisager sans inquiétudes, le nouveau directeur sollicite et obtient la suppression absolue de l'eau de Seine. Il fait en conséquence masquer par de solides constructions, l'entrée de tous les coursiers, où plongent les pompes de la machine ; de façon à intercepter toute communication entre ces pompes et le lit de la Seine : l'eau de cette dernière, ne devant plus servir désormais que comme moteur. Pour parer à l'imminence du manque d'eau, il fait installer de puissantes machines sur l'aqueduc de dérivation de l'Avre, qui assurent l'alimentation de la ville pendant le deuxième semestre de 1894.

Sur la rive gauche de la Seine, il parvient à doubler le volume disponible des eaux de sources ; mais ces recherches ne donnèrent pas tous les résultats qu'il en attendait ; aussi, avec une persévérance et une ténacité dont on ne saurait trop le féliciter, il entreprit alors les grands travaux de captation des sources de Croissy, qui ont donné comme rendement, un volume d'eau des plus satisfaisants.

A titre de document très intéressant, nous citons les chiffres que lui-même nous a gracieusement communiqués, et qui nous permettent de faire connaître à nos lecteurs, qu'aujourd'hui :

Le premier puits de Croissy, sa machine fonctionnant pendant 24 heures, pouvait donner.................. 7.500 ^m_c

Deux puits de Croissy ensemble 12.000

Un puits de Croissy, et un puits de Bougival... 11.000

Deux puits de Croissy, et un puits de Bougival. 15.000

Et Enfin, par la marche de l'ensemble des puits, on pourrait obtenir......................... 16.000

Résultat relativement considérable, eu égard à la consommation de Versailles, qui, en temps normal, est de 11.000 mètres cubes, et pendant la période estival, ne dépasse pas 14 à 15.000 mètres.

Mais à ces chiffres rassurants pour la population de Versailles et de la banlieue, ne se résumèrent pas les efforts de M. Berthet : son intention bien arrêtée étant de poursuivre, par les voies et moyens dont il dispose, l'augmentation du volume d'eau d'alimentation, en suivant la progression constante de la population ; afin d'assurer ainsi aux habitants de la cité et aux étrangers. une sécurité qu'ils réclament et qui aura pour conséquence, de calmer leurs justes appréhensions.

Outre ces projets qui témoignent. de la part de leur auteur, une grande persévérance, M. Berthet a le désir de faire du service des eaux de Versailles un des plus beaux spécimen du genre. en utilisant au barrage de Marly, la force encore disponible. au moyen de turbines et de moteurs électriques. et avec les économies réalisées par l'utilisation complète de la chute. installer. ainsi que nous le demandons avec instance dans notre travail. un système d'épuration par le filtrage des eaux d'étangs.

Quand toutes les améliorations projetées seront terminées, sa pensée est de procéder à l'alimentation de Versailles, en additionnant à l'eau de source distribuée. 20 pour 0/0 d'eau d'étangs filtrée, ce qui contribuerait à faire baisser son titre hydrotimétrique et en adoucirait la dureté.

L'eau d'étangs non filtrée pourrait encore être distribuée aux horticulteurs et maraichers, au prix d'un tarif spécial. ainsi que l'ont maintes fois demandé, deux de nos plus importants horticulteurs : MM. Moser et Truffaut.

Par ce qui précède. nous voyons que grâce aux efforts persistants tentés depuis sa création, Versailles, même dans son passé. n'a jamais manqué d'eau. alors qu'on se heurtait à des difficultés sans nombre. Le présent. malgré des craintes aujourd'hui disparues. apparaît sous un aspect à tous égards satisfaisant.

C'est donc grâce à l'impulsion donnée par M. Berthet, que la situation est devenue tout à fait rassurante :

Non seulement Versailles. mais encore les communes suburbaines, desservies par son service hydraulique, n'ont plus désormais. rien à redouter pour leur alimentation en eau potable.

Nous ne terminerons pas sans prier :

M. BLANCHE, Inspecteur principal du service intérieur et extérieur des eaux de Versailles ; M. VAPAILLE, Inspecteur ; MM. les Sous-Inspecteurs MARIOTTE et DEROISE ;

M. VAZOU, Inspecteur de la machine de Marly ;

De vouloir bien accepter nos remerciements les plus sincères. pour leur si bienveillant et si gracieux concours !

Et adresser un souvenir à notre regretté collègue et ami M. DOUCHAIN, inspecteur principal des services de Saint-Cloud, Marly et Meudon.

LES

EAUX DE VERSAILLES

L'ensemble du système hydraulique actuel de la ville de Versailles, se divise en deux branches principales et une branche secondaire, que nous allons étudier successivement.

Les deux branches principales sont, d'une part, le système des étangs, qui date du XVIIe siècle et qui est l'œuvre de Vauban, de l'autre, les eaux de la vallée de la Seine élevées par les machines de Marly. Ces eaux qui, naguère, étaient celles de la Seine elle-même, ont été remplacées par des eaux de sources puisées dans le terrain de la craie, à une profondeur d'environ 21 mètres au-dessous du niveau de la Seine, depuis que ce fleuve a été souillé par les affluences des égouts.

L'eau des étangs descend naturellement à Versailles dans les réservoirs de distribution. Celle de la vallée de la Seine, qui possède un niveau très inférieur, est élevée par des machines à vapeur et hydrauliques. Nous allons successivement étudier ces deux systèmes.

CHAPITRE PREMIER

ALIMENTATION DE VERSAILLES PAR LES EAUX DES ÉTANGS. (Voir *Planche 1*).

L'alimentation de Versailles par les eaux des étangs est à peu près restée, dans son ensemble, ce qu'elle était lors de sa création par Vauban, sous le règne de Louis XIV.

Les eaux pluviales de deux plateaux compris, le premier à l'ouest, entre Rambouillet et Saint-Cyr, le second au sud, entre la Bièvre et L'Yvette, sont recueillies dans 23 étangs et retenues.

Les surfaces versantes sont d'environ 15.000 hectares.

L'ensemble de la superficie des étangs est de 686 hectares et leur contenance totale utilisable lorsque tous sont remplis, de 8.179.779 mètres cubes. C'est plus du triple de la consommation annuelle de la ville.

Tous ces étangs peuvent être divisés en deux zones bien distinctes.

Ceux de la première zone ou étage supérieur, compris dans les côtes de 158 à 171, à l'ouest, entre Rambouillet et Versailles ; ceux de la deuxième dans les côtes de 144 à

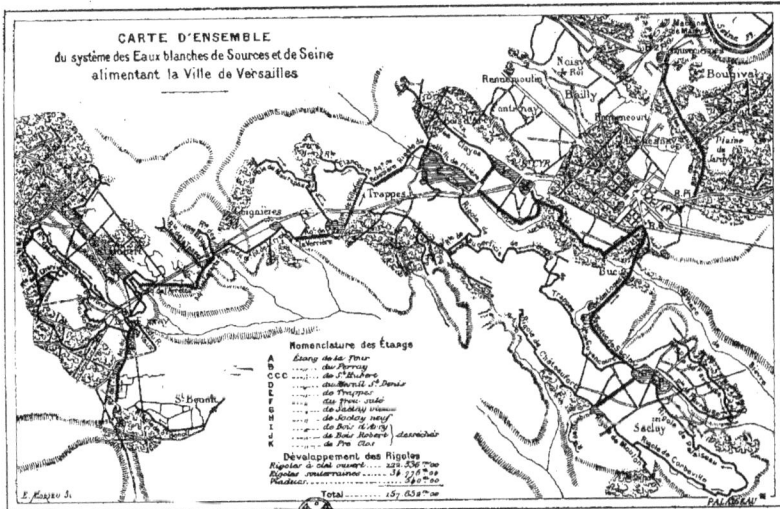

CARTE D'ENSEMBLE
du système des Eaux blanches de Sources et de Seine
alimentant la Ville de Versailles

LÉGENDE

158, au sud, entre les vallées de la Bièvre et de L'Yvette.

Les étangs de la première zone sont répartis sur trois cantons : Saint-Hubert, Le Mesnil-Saint-Denis et Trappes. Ils sont au nombre de sept. Ce sont, par ordre d'altitude, en allant de l'ouest à l'est, de Rambouillet à Saint-Cyr, les étangs de Latour, de Du Perray, de Saint-Hubert, du Mesnil-Saint-Denis, de Trappes ou Saint-Quentin, de Bois-d'Arcy et de Bois-Robert. Il existe en outre un certain nombre de retenues.

La deuxième zone ou étage inférieur ne comprend qu'un seul canton, celui de Saclay, avec trois étangs ; Saclay, Trou-Salé et Prés-Clos ; encore ce dernier est-il en grande partie abandonné.

On compte en outre deux retenues qui sont en réalité de petits étangs ; Villiers-le-Bacle et Orsigny.

Des surfaces versantes, les eaux sont recueillies dans les étangs de chaque groupe, directement ou par un système de canaux ou rigoles à ciel ouvert, formant dans leur ensemble un drainage dont le développement atteint 122.336 mètres. Quant aux étangs, constitués par des cuvettes à fond plat argileux, ils communiquent entre eux par des rigoles à ciel ouvert, ou le plus souvent par des aqueducs souterrains dont le développement total est de 34.776 mètres.

Les terrains sur lesquels s'opère le drainage, sont des terrains de culture ou des terrains boisés. Leurs couches superficielles, formées en majeure partie d'argiles de toutes catégories, sont imperméables.

C'est après avoir glissé sur ces terrains riches en matières organiques, que les eaux viennent se jeter dans les rigoles, pour se rendre ensuite dans les différents étangs.

Les eaux de la première zone ou étage supérieur, sont dirigées par l'aqueduc de Trappes, d'un développement de 10.800 mètres, sur Versailles, au carré dit de Trappes.

placé sur la butte de Gobert, dans l'enclos des réservoirs de ce nom, à la côte de 156m41. A leur arrivée à ce bassin, les eaux des étangs passent sur une surface filtrante disposée en forme de trapèze ayant 33 mètres de superficie. Le filtre est composé d'une couche de gravier fin reposant sur du gravier beaucoup plus gros, renfermé dans des boites en tôle perforée. La filtration se fait de haut en bas. Quant à l'eau qui traverse ce filtre, elle pénètre directement dans un bassin rectangulaire de petites dimensions, d'où elle se rend aussitôt, par trois conduites en fonte de 0m50 de diamètre, au réservoir de Montbauron.

Du même bassin, on peut envoyer de l'eau du carré de Trappes dans les réservoirs de Gobert, en levant une soupape placée à l'origine d'une quatrième conduite, en fonte également, mais de 0m28 de diamètre seulement.

Il y a donc en ce point, communication possible entre le système de Trappes et celui de Saclay.

Les eaux de la deuxième zone ou étage inférieur, arrivent des étangs de Saclay par les aqueducs de Saclay, des Loges, de Buc et des Gonards au carré dit de Saclay, situé dans l'enclos de Gobert à 148 mètres d'altitude ; de là, sans passer par aucun filtre, même dégrossisseur, elles aboutissent par des tuyaux se bifurquant en Y dans les réservoirs de Gobert.

Les réservoirs de Gobert, situés à l'extrémité de l'avenue de Sceaux à Versailles, occupent un vaste enclos quadrilatère. Ils sont au nombre de deux : un long dirigé du nord au sud et un carré, situé plus au nord.

Ces réservoirs sont en communication directe, au moyen de tuyaux en fonte ; mais on peut, à l'aide de soupapes, interrompre cette communication.

Les deux bassins ont à peu près les mêmes dimensions.

Bassins de distribution de Versailles et de Trianon.

1 Réservoirs des 2 Portes. cube 383.181ᵐ
2 Réservoir de Picardie   „ 13.232
3 Réservoirs de Montbauron   „ 115.783
4 Réservoirs de Gobert   „ 45.227
5 Réservoir du Trèfle, Trianon „ 11.614
6 Réservoir de Chèvreloup, Trianon 40.000

7 Aqueduc des Ecux de Seine et Filtres
8 Aqueduc de Trappes et carré de Trappes
9 Aqueduc de Saclay et carré de Saclay
10 Réservoir du Château Sᵗᵉ du Parc
11 Réservoirs de L'Aile. Service du Parc
12 Réservoirs. Projet.

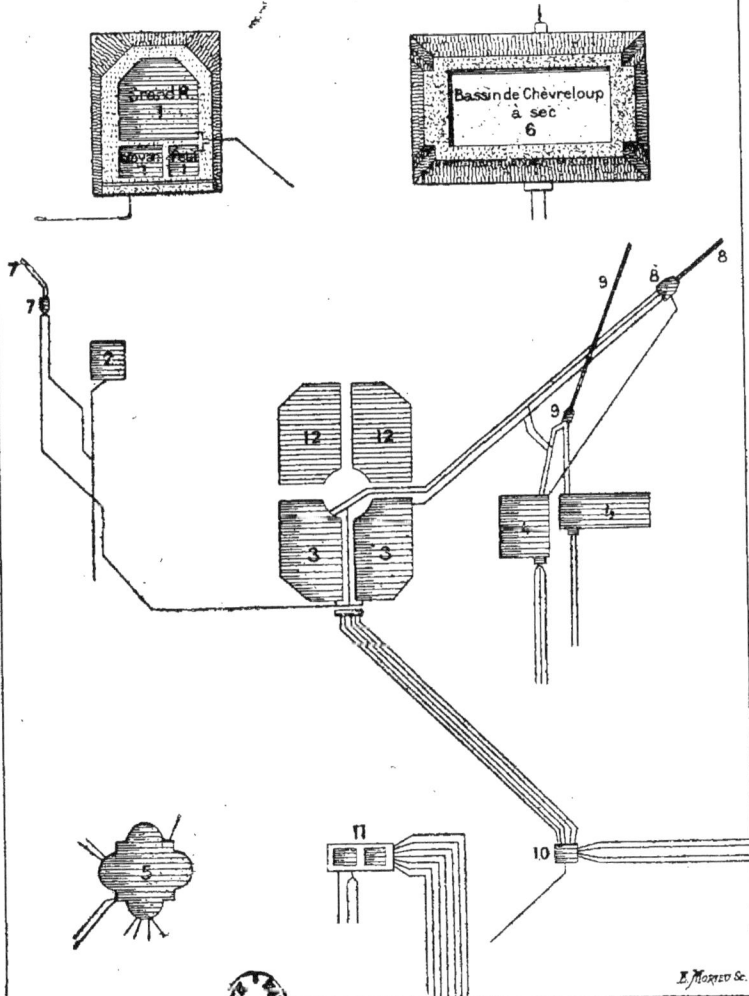

Leurs surfaces réunies donnent une superficie de 33.954 mètres carrés avec un cube de 45.227 mètres.

La cote de superficie des bassins se trouve à 141^m51, tandis que celle des réservoirs de Montbauron est à 156^m41, soit une différence de 14^m90. Alors que presque tous les points de la ville sont accessibles à l'eau envoyée de Montbauron, celle des réservoirs de Gobert ne peut être distribuée que dans les quartiers bas.

On voit, par ce qui précède, que l'utilité du système de Saclay se trouve limitée. L'eau qu'il fournit est surtout utilisée pour assurer le service des parcs, le jeu des grandes eaux et l'arrosage des voies publiques.

Étant donné l'impureté de ce liquide et son manque absolu de filtration, l'eau de l'étage inférieur ne devrait servir à aucun autre usage. Et pourtant, lorsqu'il y a pénurie dans les autres réservoirs, le contenu des bassins de Gobert, sert à l'alimentation de certains quartiers de la ville.

Ce qui caractérise particulièrement les réservoirs de Gobert, c'est qu'ils ne peuvent jamais contenir que de l'eau d'étangs provenant surtout du système de Saclay.

L'eau des réservoirs de Gobert a un aspect sale, gris noirâtre, en tout temps elle est trouble et laisse déposer une grande quantité de matières en suspension. Elle est bien moins souvent renouvelée que celle de Montbauron, excepté pendant la période du jeu des grandes eaux où elle est renouvelée au moins une fois par mois.

D'après ce rapide exposé, il est facile de se rendre compte de l'importance du service des eaux d'étangs et de son double rôle dans l'alimentation de Versailles, en cas de chômage de la machine de Marly.

A trois reprises différentes et assez éloignées, nous nous sommes livrés à l'étude des eaux des carrés de Trappes et de Saclay, réservoirs où viennent aboutir toutes les eaux des étangs, ainsi qu'il a été dit plus haut. Le carré de Trappes recevant l'eau de tous les étangs supérieurs et celui de Saclay l'eau de tous les étangs inférieurs.

Procédés Analytiques.

Afin d'éviter les redites, nous allons développer une fois pour toutes les procédés que nous avons toujours employés dans nos recherches chimiques et bactériologiques.

MATIÈRES ORGANIQUES. — On est convenu d'appeler matières organiques des eaux, tout un ensemble de principes de nature végétale ou animale, vivants ou non, qui existent dans l'eau. Ces principes sont tous susceptibles d'être détruits par oxydation.

Ils proviennent des poussières du sol et de l'atmosphère qui se dissolvent dans l'eau, de matières organiques souterraines (terrains tourbeux et carbonifères), du contact de l'eau avec les détritus de la vie.

Ces matières se divisent en quatre groupes : matière organique vivante animale, matière organique vivante végétale, matière organique inerte animale et matière organique inerte végétale.

Les produits des deux premiers groupes sont insolubles et susceptibles d'être séparés par filtration, ceux des derniers groupes sont solubles et la filtration ne peut les séparer.

L'évaluation de la matière organique repose sur le principe suivant : Si à de l'eau renfermant de la matière organique en dissolution ou en suspension, on ajoute du permanganate de potassium, la coloration du caméléon dispa raît à froid, ou plus rapidement à chaud, et fait place à un dépôt brun d'oxydes de manganèse, l'oxygène manquant ayant été absorbé par la matière organique.

Dans nos deux premières recherches, nous n'avions dosé la matière organique qu'en solutions alcalines ; dans les dernières, nous avons complété par le dosage en solutions acides.

Dosage en solution acide. — Nous faisons bouillir successivement 200 centimètres cubes d'eau distillée avec 10 centimètres cubes d'une solution d'acide sulfurique au cinquième et 20 centimètres cubes (plus si c'est nécessaire) de liqueur de permanganate de potassium préparée de manière à ce que 1 centimètre cube corresponde à 0^{gr} 000.1 d'oxygène ou à 0^{gr} 000.78 d'acide oxalique. Nous prolongeons l'ébullition pendant dix minutes exactement ; puis, 200 centimètres cubes de l'eau à analyser additionnée aussi de 10 centimètres cubes d'acide et de 20 centimètres cubes de permanganate, prolongeant aussi l'ébullition pendant dix minutes.

Nous ramenons ensuite le plus rapidement possible la température des deux ballons aux environs de 30°, puis nous versons dans chacun 20 centimètres cubes d'une solution de sulfate de protoxyde de fer préparée en dissolvant cinq grammes de sulfate ferreux ammoniacal cristallisé pur dans un litre d'eau additionné de 20 centimètres cubes d'acide sulfurique concentré.

La liqueur se décolore rapidement.

Nous versons alors du permanganate jusqu'à l'apparition d'une légère teinte rose.

La différence entre le volume du permanganate consommé par le ballon d'eau distillée et celui de l'eau à analyser multiplié par 5, donne en dixièmes de milligrammes le poids de l'oxygène emprunté au permanganate de potasse par litre d'eau.

Dosage en solution alcaline. — Nous introduisons dans un ballon 100 centimètres cubes de l'eau à analyser puis 200 centimètres cubes de la même eau dans un deuxième ballon. Nous ajoutons dans chacun 20 centimètres cubes de la solution de permanganate, puis 20 centimètres cubes d'une solution saturée de bicarbonate de soude.

Nous faisons bouillir très exactement pendant dix minutes, refroidissons rapidement à environ 30°, puis ajoutons 10 centimètres cubes de l'acide sulfurique au cinquième et 20 centimètres cubes de sulfate ferreux.

Nous ramenons à la teinte rose au moyen du permanganate, et la différence entre les deux ballons multipliée par 10 exprime en dixièmes de milligrammes, le poids de l'oxygène emprunté par litre.

La liqueur de permanganate de potassium se prépare en dissolvant 3gr.162 de ce sel dans 1000 centimètres cubes d'eau distillée, ce qui correspond à 0gr.000.8 d'oxygène ou 0gr.006.3 d'acide oxalique par centimètre cube.

En ajoutant 125 centimètres cubes de cette liqueur à quantité suffisante d'eau distillée pour un litre, on obtient une solution dont chaque centimètre cube correspond à 0gr.000.1 d'oxygène ou 0gr.000.738 d'acide oxalique.

C'est cette solution dont on s'est servi pour les analyses.

Dosage de l'oxygène en dissolution. — Nous avons suivi le procédé aux protosels de fer, basé sur la transformation du sulfate ferreux en sulfate ferrique, au contact de l'oxygène. Nous avons fait usage de la pipette Albert Lévy.

Pour opérer le dosage, nous remplissions la pipette de

l'eau à analyser, par aspiration ; lorsqu'elle était pleine, nous fermions les deux robinets, rejetions l'excédent d'eau qui se trouvait dans l'entonnoir, puis, après l'avoir fixée sur un support, nous faisions plonger la pointe dans un vase contenant de l'acide sulfurique au *demi ?* Nous introduisions ensuite 2 centimètres cubes d'une solution de potasse au dixième, puis 4 centimètres cubes d'une solution de sulfate de fer ammoniacal préparée en dissolvant 40 grammes de ce sel dans 1000 centimètres cubes d'eau acidulée avec 10 centimètres cubes d'acide sulfurique pur. Il se formait alors un précipité, mélange de protoxyde et de peroxyde de fer. Nous attendions quelques instants que la réaction fut complète, puis nous introduisions 4 centimètres cubes d'acide sulfurique au demi, en laissant le robinet inférieur fermé, et nous laissions en contact jusqu'à dissolution complète des oxydes de fer.

Le contenu de la pipette étant devenu limpide, nous le versions dans une capsule pour procéder au titrage de l'excès de sulfate de fer ajouté, à l'aide d'une solution de permanganate de potassium, dont 1 centimètre cube correspondait à 0$^{gr.}$ 000,1 d'oxygène.

Nous avons déjà donné la composition de cette solution à propos du dosage des matières organiques.

Dosage de l'ammoniaque salin ou libre. — Nous avons fait usage du procédé de Nessler.

Nous distillions 500 centimètres cubes d'eau avec du carbonate de soude pur et calciné ; nous recevions le produit de la distillation dans plusieurs tubes par fraction de 50 centimètres cubes, n'arrêtant l'opération que lorsqu'il ne se produisait plus aucune réaction avec le réactif de Nessler.

Pour faire les dosages, nous versions le contenu de chaque

tube dans une éprouvette jaugée à 50 centimètres cubes, nous ajoutions 2 centimètres cubes du réactif de Nessler. Si la liqueur venait à se troubler, nous ne prenions que la moitié ou le quart du liquide distillé et l'étendions à 50 centimètres cubes en tenant compte de cette dilution dans le calcul.

Dans une éprouvette semblable, nous versions 50 centimètres cubes d'eau distillée et 2 centimètres cubes de réactif de Nessler ; puis, à l'aide d'une burette divisée en dixièmes de centimètres cubes, nous introduisions une solution de chlorhydrate d'ammoniaque, préparée en dissolvant 0 ^{gr} 315 de ce sel pur et sec dans 1000 centimètres cubes d'eau distillée exempte de trace d'ammoniaque. Un centimètre cube de cette liqueur équivaut à 0^{gr} 001 d'ammoniaque. Nous versions de cette solution jusqu'à ce que les teintes fussent égales dans les deux tubes. Nous notions alors la quantité de chlorhydrate employé et déduisions le poids de l'ammoniaque.

En additionnant les résultats fournis par chaque tube, on obtenait tout l'ammoniac-salin contenu dans 500 centimètres cubes d'eau et en multipliant par 2 celui du litre.

Nous préparions le réactif de Nessler en dissolvant 40 grammes d'iodure de potassium dans 100 centimètres cubes d'eau chaude, puis en ajoutant à l'ébullition du biiodure de mercure jusqu'à saturation complète. Après refroidissement, on diluait avec 400 centimètres cubes d'eau et laissait reposer pendant 48 heures. On filtrait, puis on versait dans la solution 750 centimètres cubes de lessive de soude concentrée pure, exempte de carbonate. Si le liquide venait à se troubler, on filtrait de nouveau jusqu'à clarification complète, on décantait après un long repos en rejetant toute la partie trouble.

Dosage de l'ammoniaque des albuminoïdes. — Pour doser l'ammoniaque des albuminoïdes, nous ajoutions au résidu provenant du dosage de l'ammoniaque libre ou salin 50 centimètres cubes d'une solution préparée en dissolvant dans un litre d'eau distillée, 8 grammes de permanganate de potasse pur cristallisé et 200 grammes de potasse à l'alcool, puis nous distillions et suivions la même marche que pour le dosage de l'ammoniaque salin.

En additionnant les résultats obtenus pour chaque tube, nous avions l'ammoniaque des albuminoïdes contenu dans 500 centimètres cubes. Nous doublions pour rapporter au litre.

Dosage des azotites. — Pour doser les azotites, nous introduisions 100 centimètres cubes d'eau dans une éprouvette, et dans une seconde éprouvette exactement semblable, 10 centimètres cubes d'une solution titrée d'azotite de soude que nous étendions à 100 centimètres cubes avec de l'eau distillée.

Nous ajoutions à chacune des deux éprouvettes 1 centimètre cube d'une solution au centième de chlorhydrate de méta-phénylène-diamine décolorée au noir animal et 1 centimètre cube d'acide sulfurique dilué dans 2 centimètres cubes d'eau distillée. Nous laissions reposer 20 minutes, puis, si nous obtenions une couleur jaune orange, nous déterminions le rapport d'intensité des teintes et par suite, la proportion des nitrites.

La solution titrée de nitrite de soude se prépare en dissolvant 0^{gr} 406 de nitrite d'argent pur et cristallisé dans 100 centimètres cubes d'eau distillée bouillante, on précipite par un léger excès de chlorure de sodium pur, puis on complète le volume à un litre avec de l'eau distillée, on laisse alors déposer la liqueur puis on la décante. Un centimètre cube de cette solution renferme 0^{gr} 0001 d'acide azoteux-anhydre.

Dosage des azotates. — Pour doser les nitrates, nous avons eu recours au procédé Grandval et Lajoux, basé sur la transformation de l'acide sulfophénique en acide picrique et sur l'intensité de coloration du picrate d'ammoniaque.

Nous avons préparé le réactif sulfophénique en dissolvant par petite quantité et refroidissant 75 grammes d'acide phénique pur en neige dans 925 grammes d'acide sulfurique pur.

D'autre part, nous pesions $0^{gr}50$ d'azotate de potasse pur et sec que nous faisions dissoudre dans 1000 centimètres cubes d'eau distillée et dont 10 centimètres cubes représentaient $0^{gr}005$ d'azotate.

Après avoir fait évaporer au bain-marie 10 centimètres cubes de cette solution dans une petite capsule de porcelaine, nous laissions refroidir et nous ajoutions 1 centimètre cube d'acide sulfophénique que nous promenions sur les parois de la capsule, puis quelques centimètres cubes d'eau distillée et de l'ammoniaque en excès. Enfin, après apparition de la coloration jaune intense, nous complétions à 500 centimètres cubes avec de l'eau distillée et mélangions bien le tout.

Nous préparions alors la gamme suivante avec des tubes de mêmes diamètres bouchés.

Dans le premier tube, nous mettions 50 centimètres cubes de cette liqueur type correspondant à $0^{gr}50$ par litre ; dans le second 40 centimètres cubes et 10 centimètres cubes d'eau correspondant à $0^{gr}40$ de nitrate ; dans le troisième, 30 centimètres cubes d'eau correspondant à $0^{gr}30$ de nitrate et ainsi de suite, de façon à avoir des tubes de 25, 20, 15, 10, 8, 6, 4, et 1 centimètres cubes de liqueur type et la quantité d'eau nécessaire pour obtenir 50 centimètres cubes.

La gamme établie, pour doser les azotates dans l'eau mise en expérience, nous évaporions à sec au bain-marie dans une capsule de porcelaine, 10 centimètres cubes de cette eau ; après refroidissement nous versions 10 gouttes du réactif acide sulfophénique, puis nous étendions d'eau, ajoutions un excès d'ammoniaque et amenions le volume à 50 centimètres cubes dans un tube semblable à ceux de l'échelle colorée, puis nous jugions par comparaison.

Dans le cas où la teinte aurait été plus foncée que celle du premier tube type, nous aurions dilué le contenu du tube à 500 centimètres cubes par exemple et multiplié par dix le résultat obtenu.

Dosage de l'acide carbonique total. — Nous avons dosé l'acide carbonique en ajoutant à un litre d'eau une solution de chlorure de baryum ammoniacal en excès.

Après 24 heures de repos, nous recueillions le précipité sur un petit filtre et après l'avoir convenablement lavé, nous le dissolvions dans de l'acide chlorhydrique pur étendu.

Dans cette solution, nous dosions la baryte correspondant à l'acide carbonique de l'eau, en la précipitant par un léger excès d'acide sulfurique et en opérant comme il sera dit plus loin, à propos du dosage des sulfates. Le poids de sulfate de baryte obtenu, multiplié par 0,1888, donnait la quantité d'acide carbonique correspondante.

Dosage de l'acide sulfurique et des sulfates. — On commençait par réduire un demi-litre d'eau à environ 200 centimètres cubes, on acidulait à l'acide chlorhydrique pur, puis on versait peu à peu sur le liquide bouillant, un léger excès de chlorure de baryum. On maintenait l'ébullition pendant dix minutes, afin de bien agréger le précipité; on jetait alors sur filtre, lavait, séchait et calcinait. Après avoir ajouté deux ou trois gouttes d'acide sulfurique pur, pour transformer en sulfate le sulfure qui aurait pu se former sous l'influence du charbon du filtre, on chassait l'excès d'acide en calcinant à nouveau et finalement on pesait.

Du poids du sulfate de baryte on déduisait par le calcul celui de l'acide sulfurique contenu dans un litre d'eau.

Dosage du chlore et des chlorures. — Nous avons procédé au dosage des chlorures en ajoutant à 100 centimètres cubes d'eau, quatre gouttes de chromate neutre de potassse en solution au dixième, puis, en versant au moyen d'une burette, une liqueur titrée d'azotate d'argent jusqu'à ce que le précipité, d'abord blanc, ait pris une teinte très faiblement rouge, mais cependant bien appréciable. Nous faisions alors la lecture de la burette, puis nous déterminions la correction à faire subir à cette lecture en recommençant la même expérience sur de l'eau distillée exempte de chlorure.

Nous avons préparé la liqueur titrée d'azotate d'argent en faisant dissoudre $0^{gr}70$ de ce sel dans 1000 centimètres cubes d'eau distillée. Un centimètre cube de cette solution, qui est la liqueur normale décime, équivaut à $0^{gr}003545$ de chlore et à $0^{gr}003645$ d'acide chlorhydrique, d'où l'on peut déduire le poids de chlorure correspondant.

Dosage de l'hydrogène sulfuré. — Nous avons dosé l'hydrogène sulfuré en versant 100 centimètres cubes d'eau dans un verre à expérience, en ajoutant 5 centimètres cubes d'empois clair d'amidon, puis en versant, à l'aide d'une burette graduée, une solution normale centime d'iode récemment préparée, jusqu'à coloration bleue de la liqueur.

Un centimètre cube de la solution normale centime d'iode correspondant à $0^{gr}00127$ d'iode, à $0^{gr}0016$ de soufre et à $0,0017$ d'hydrogène sulfuré.

Dosage du résidu sec. — Nous avons opéré le dosage du résidu sec en faisant évaporer peu à peu au bain-marie 500 centimètres cubes d'eau et en achevant la dessiccation dans l'étuve à air de Wiesnegg à 110°.

Perte au rouge. — Après avoir pesé le résidu desséché à + 110°, nous le portions dans un fourneau à Moûfle où nous le maintenions au rouge sombre pendant une heure, puis après l'avoir laissé refroidir dans l'appareil à dessiccation, nous le pesions à nouveau.

Cette opération n'a pas grande valeur au point de vue analytique, la différence de poids portant non seulement sur la décomposition et la disparition des matières organiques, mais encore sur la décomposition et la volatilisation complète ou partielle des carbonates et des chlorures.

Dosage de la silice. — Nous avons dosé la silice en évaporant au bain-marie un litre d'eau rendu acide par de l'acide chlorhydrique pur. Le résidu repris par l'acide chlorhydrique étendu était jeté sur filtre sans pli et lavé à l'eau distillée jusqu'à disparition de l'acidité. On séchait ensuite le filtre à l'étuve et après l'avoir calciné dans une capsule de platine, on en prenait le poids.

Dosage du fer et de l'alumine. — Dans la liqueur filtrée privée de la silice, on versait de l'ammoniaque pure en léger excès et faisait bouillir jusqu'à cessation d'odeur ammoniacale. On jetait alors sur un filtre Duren. Le précipité de peroxyde de fer et d'alumine bien lavé à l'eau bouillante était ensuite séché, calciné et pesé.

Après avoir rédissout le précipité à chaud, dans la capsule même, avec de l'acide chlorhydrique fumant, on versait la solution dans un ballon de 250 centimètres cubes. on ajoutait du zinc pur et fermait le ballon avec un bouchon portant un tube effilé; l'hydrogène naissant réduisait le peroxyde de fer à l'état de protoxyde. La réduction demandait environ un quart d'heure. On versait alors la liqueur dans un vase à précipité, on lavait le ballon à l'eau

distillée bouillie et on titrait rapidement à l'aide d'une
solution normale centime de permanganate de potassium, un
centimètre cube de cette solution correspondant à $0^{gr}00056$
de fer, à $0^{gr}00072$ d'oxyde ferreux et à $0^{gr}0008$ d'oxyde
ferrique. On obtenait l'alumine par différence.

Dosage de la chaux. — Le liquide filtré provenant du précédent dosage est rendu alcalin par addition d'ammoniaque,
puis on y verse un léger excès d'oxalate d'ammoniaque
et l'on porte à l'ébullition que l'on maintient environ un
quart d'heure; la chaux est précipitée à l'état d'oxalate;
on filtre, lave et calcine.

Lorsque le creuset de platine est refroidi, on mouille
de quelques gouttes d'acide sulfurique étendu le résidu; on
évapore doucement et on calcine à nouveau. On a ainsi
toute la chaux à l'état de sulfate, dont le poids multiplié
par 0,44176 donne la chaux anhydre.

Dosage de la magnésie. — La liqueur séparée de la chaux
est additionnée d'ammoniaque jusqu'à réaction alcaline, puis
on y verse du phosphate de soude en excès; on agite et
on laisse reposer 24 heures. Il se forme un précipité de
phosphate-ammoniaco-magnésien. On filtre, on lave bien à
l'eau ammoniacale au tiers, on sèche, on calcine et on pèse
le pyrophosphate de magnésie. Le poids trouvé multiplié
par 0,36036 donne la magnésie.

Dosage des alcalis. (Potasse et soude). — Pour le dosage des
alcalis, nous avons toujours évaporé à un petit volume,
(250 centimètres cubes) deux litres d'eau; nous ajoutions
un léger excès d'eau de baryte et portions à l'ébullition.
Toutes les bases des quatre premières classes qui pouvaient
se trouver dans l'eau, étant précipitées, nous filtrions et lavions
bien le précipité.

Dans la liqueur filtrée, nous précipitions l'excès de baryte par le carbonate d'ammoniaque. nous faisions bouillir pour décomposer le bicarbonate de baryte qui aurait pu se former et nous filtrions à nouveau. Après avoir acidulé le liquide filtré avec de l'acide chlorhydrique pur. nous l'évaporions dans une capsule de platine tarée d'avance, et nous calcinions légèrement afin d'éviter les pertes par volatilisation. les alcalis étant à l'état de chlorures que nous pesions.

Nous versions alors un peu d'eau distillée chaude sur le mélange de chlorures, nous ajoutions du chlorure de platine en léger excès. et nous évaporions au bain-marie.

Le résidu de l'évaporation était repris par un mélange à volumes égaux d'alcool et d'éther, puis nous jetions sur un filtre Berzélius desséché à 100° ; nous lavions le précipité avec le mélange d'alcool et d'éther jusqu'à disparition de la couleur jaune ; nous desséchions à nouveau jusqu'à ce que le poids fut devenu fixe. nous avions ainsi la potasse à l'état de chloro-platinate dont le poids multiplié par 0.30507 donnait le chlorure de potassium correspondant.

Le poids des chlorures alcalins étant connu et celui du chlorure de potassium venant d'être déterminé. nous obtenions le chlorure de sodium par différence.

Connaissant les poids de chlorure de potassium et de chlorure de sodium. nous obtenions le poids de la potasse anhydre en multipliant celui du chlorure de potassium par 0,6318 et celui de la soude anhydre en multipliant par 0,5302 le poids du chlorure de sodium.

Recherches bactériologiques

Dans nos examens bactériologiques, nous avons toujours opéré de la même manière. Les numérations étaient faites

2

avant que la liquéfaction des plaques vint les rendre impossibles.

Nous avons ensemencé sur gélatine ou gélatine-gélose suivant la saison.

Mode opératoire. — Dans des flacons stérilisés à l'autoclave à +115° et contenant 9, 99, 499 ou 999 centimètres cubes d'eau distillée, suivant la teneur présumée de l'eau en espèces microbiennes, nous ajoutions, après complet refroidissement, un centimètre cube de l'eau à examiner et agitions de façon à avoir un mélange bien intime.

D'autre part, nous portions au bain-marie des tubes de gélatine ou gélatine-gélose, suivant le cas, remplis à 10 centimètres de hauteur, jusqu'à liquéfaction complète du contenu.

Après avoir débouché avec précaution le tube choisi, nous introduisions aussi rapidement que possible, à l'aide d'une pipette stérilisée, un centimètre cube du liquide dilué, nous opérions le mélange en roulant sans secousses brusques le tube entre les mains pour éviter les bulles d'air, et nous introduisions le contenu du tube dans une boîte de Pétri stérilisée ; et cela en soulevant le couvercle très légèrement, de façon à éviter le plus possible l'introduction des germes de l'air. Cette boîte, soigneusement étiquetée avec la date et le chiffre de la dilution, était placée sur un plan bien horizontal et remuée avec précaution pour arriver à un mélange bien intime et à une égale répartition des microbes contenus dans la solution ensemencée. Après solidification du milieu de culture, nous portions la boîte de Pétri dans un lieu dont la température pouvait varier entre 18° et 20°.

Les cultures étaient examinées chaque jour à la même heure et comptées le plus tardivement possible, au moment où la liquéfaction s'opposait désormais à toute numération. On multipliait alors par 10, 100, 500 ou 1000, suivant le degré de dilution, pour avoir le nombre de germes par centimètre cube d'eau.

Recherche des bacilles pathogènes

Le bacille d'Eberth-Gaffky a été trouvé deux fois au cours de nos recherches, en mars 1899, dans l'eau du carré de Saclay et dans l'eau de Satory en avril 1899. Nous avons aussi constaté sa présence dans l'eau de la Seine en avril 1899.

Pour préparer notre milieu d'Elsner, nous mettions à digérer 250 grammes de pulpe de pomme de terre convenablement préparée dans un litre d'eau. Au bout de 24 heures, nous exprimions fortement, laissions reposer une journée le liquide obtenu, puis décantions et filtrions.

Nous faisions dissoudre dans le liquide, au bain-marie, à environ 55°, 12 pour cent de gélatine blanche en feuille bien divisée. Nous ajoutions alors une solution de soude en ayant soin que le produit restât légèrement acide. Nous chauffions à 110°, filtrions à chaud et mettions exactement 9 centimètres cubes par tube. Au moment de l'ensemencement, nous ajoutions un centimètre cube de solution stérilisée d'iodure de potassium à 10 pour cent.

Pour chaque échantillon d'eau, nous prenions six tubes ainsi préparés et dont nous faisions liquéfier le contenu. Après avoir ajouté la solution iodurée, nous ensemencions avec une ou plusieurs gouttes d'eau et versions dans la boîte de Petri que nous maintenions à une température d'environ 20°.

Au bout de cinq jours, notre milieu présentait des colonies, les unes liquéfiant, les autres ne liquéfiant pas. Sans tenir compte des premières, nous prenions au bout d'un fil de platine stérilisé, des parcelles de colonies non liquéfiantes et les portions en bouillon.

Ce bouillon, porté à l'étuve à 37°, fournissait des cultures après 24 heures et servait à son tour à ensemencer :

1° Un tube de bouillon additionné de un dixième de sérum antityphique ;

2° Un tube incliné de gélatine ordinaire ;

3° Un tube de pomme de terre ;

4° Du bouillon lactosé carbonaté ;

5° Du lait stérilisé.

Nous n'avons considéré comme bacille d'Eberth que les colonies non liquéfiantes possédant tous les caractères extérieurs des colonies les plus nettement formées de bacilles typhiques.

Ces colonies devaient en outre donner des cultures troublant le bouillon, ne se couvrant pas d'un voile épais et donnant lieu, par le procédé de Widal, au phénomène de l'agglutination rapide et nette sur lamelle avec glabrification ensuite dans les cultures en bouillon additionnées de sérum antityphique.

De plus, elles ne doivent pas :

1° Donner lieu à un dégagement gazeux dans les bouillons lactosés contenant du carbonate de chaux ;

2° Pousser sur gélatine en tube incliné autrement qu'en couche très mince ;

3° Coaguler le lait ;

4° Ni produire sur pomme de terre une culture épaisse.

Tel était le bacille isolé, en 1899, des eaux du carré de Saclay, du camp de Satory et de la Seine, prise en amont de la machine de Marly.

PLAN D'ENSEMBLE DE L'ÉTABLISSEMENT HYDRAULIQUE DE MARLY

Indiquant la position occupée par les puits de la Machine et ceux de la presqu'île de Croissy actuellement en fonction,
ainsi que ceux projetés.

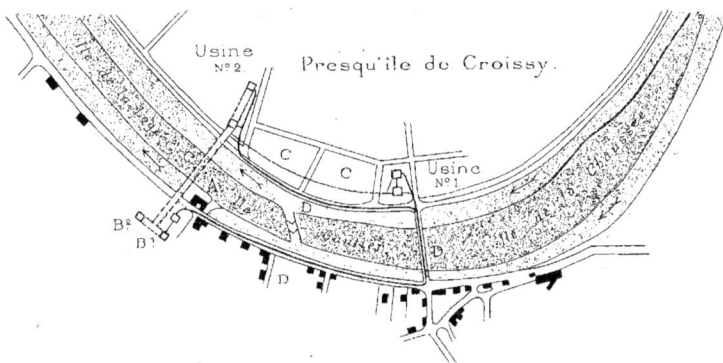

Usine
N° 2

Presqu'île de Croissy.

Usine
N° 1

LÉGENDE

A Établissement hydraulique de Marly.

B Cour de l'ancienne Machine à vapeur. Les deux puits B 1 et B 2 réunis par une galerie dans la craie ont un rendement de 3.500 m/c.

CCC Galerie souterraine du projet Dunelain, amenant à la machine les eaux de la nappe souterraine. Les dites eaux seraient élevées au moyen de turbines établies dans le bâtiment de l'ancienne machine à vapeur et de là amenées aux pompes de la machine hydraulique.

1. 2. 3. 4. Puits de la presqu'île de Croissy.

D. D. D. Conduite de 0ᵐ400 amenant aux pompes de la Machine de Marly les eaux refoulées par les machines à vapeur des Usines nᵒˢ 1 et 2 de la presqu'île de Croissy.

Mᵉˡ Gavin, delt.

A. Bénard, lith.

Imp. Lemercier, Paris.

Analyses chimiques et examens bactériologiques des eaux
prélevées aux Carrés de Trappes et de Saclay le 6 Juillet 1895,
après de fortes sécheresses, le 8 Janvier 1896, après de petites
pluies et le 17 mars 1899, après une longue période humide.

Les résultats sont exprimés en milligrammes et par litre d'eau.

EAUX DU CARRÉ DE TRAPPES

RECHERCHES GÉNÉRALES	6 Juillet 1895	8 janv. 1896	17 mars 1899
Degré hydrotimétrique....	6°5	8°5	8°8
Matière organique évaluée (Acide....	»	»	5.1
en oxygène absorbé en			
solution. (Alcaline..	3.5	3	6.2
Oxygène dissous........	6.4	7.5	9.6
Ammoniaque et sels ammoniacaux....	traces	traces	1
Ammoniaque des albuminoïdes	»	»	1.05
Azotites	»	»	»
Azotates (en acide azotique).........	traces fortes	1.2	2.5
Acide sulfurique.................	8	13	13.8
Chlore.......................	15	17	17.7
Chaux.......................	34	43	45
Magnésie.	»	»	»
Soude	10	11	11
Silice.......	»	traces	fortes traces
Résidu desséché à + 110°...........	152	177	178
Résidu desséché calciné.............	64	83	87
Perte au rouge....................	88	94	91
Composition hypothétique			
Carbonate de chaux.................	75	87	89
Sulfate de chaux	14	17	17
Chlorure de sodium................	24	26	27
Analyse bactériologique (Germes aérobies)			
Numération (par centimètre cube)....	320	1380	1700
Date de la liquéfaction complète	15° jour	11° jour	9° jour
Champignons et moisissures	280	420	»
Bactérium termo..................	»	80	1100
Bacillus fluorescens liquéfiant........	»	60	200
Bacillus subtilis.......	»	120	350
Levures blanches ou roses	»	220	»
Bacilles chromogènes...............	40	480	50
Coli-bacille....................	»	»	présence
Bacille d'Eberth-Gaffky	»	»	»

Tous nos essais en vue de la recherche du bacille d'Eberth,
ont donné des résultats absolument négatifs.

Eaux du Carré de Saclay

RECHERCHES GÉNÉRALES	6 juillet 1895	8 janv. 1896	17 mars 1899
Matière organique évaluée en ⟩ Acide..	»	»	7.2
oxygène absorbé en solution ⟨ Alcaline	4	3.5	8.4
Degré hydrotimétrique	7°	6°2	7°4
Oxygène dissous	5.5	6.5	5.2
Ammoniaque et sels ammoniacaux....	traces	traces	1.3
Ammoniaque des albuminoïdes.......	»	»	1.9
Azotites........................	»	»	»
Azotates (en acide azotique).	2.7	1.3	2.9
Acide sulfurique.	12	9	12.5
Chlore........................	10	14	16
Chaux.......................	37	29	37.5
Magnésie.....................	»	»	»
Soude.......................	7	6	6.8
Silice	traces	traces	traces
Résidu desséché à +110°...........	181	178	187
— calciné...........	73	68	75
Perte au rouge........	108	90	112
Composition hypothétique			
Carbonate de chaux	77	74	79
Sulfate de chaux	15	14	16
Chlorure de sodium	27	23	29
Analyse bactériologique			
Numération (par centimètre cube)	1680	2460	3600
Date de la liquéfaction complète......	15e jour	9e jour	7e jour
Champignons et moisissures.........	360	380	150
Bacterium Termo..................	»	260	450
Bacillus fluorescens liquéfiant........	»	200	2250
Bacillus subtilis..............	»	240	300
Bacilles chromogènes......	1320	1380	450
Coli-bacille....	»	»	Présence
Bacille d'Eberth-Gaffky.............	»	»	Présence

On voit, d'après ces résultats, que les eaux de Trappes et de Saclay, prises à des époques éloignées. présentent sensiblement la même composition chimique.

Cette composition, au point de vue minéral, est celle d'une eau potable de bonne qualité. Mais nous devons bien remarquer qu'elles renferment une très forte proportion de matières organiques, malgré l'absence de nitrites et de nitrates.

Le carbonate de chaux est le sel prédominant dans la composition de cette eau, il constitue à lui seul les trois cinquièmes du résidu salin.

Ce résultat n'offre rien de surprenant, étant donné que le sol du plateau de la Beauce, depuis Rambouillet jusqu'à Saint-Cyr, est composé de marnes de formation supérieure. Or, les eaux pluviales, en parcourant les rigoles creusées dans ces calcaires, à la faveur de l'acide carbonique qu'elles contiennent, doivent en dissoudre quelques parties et en tenir en suspension avec une certaine quantité, variable suivant les circonstances.

De là cette teinte caractéristique qui les fait désigner sous le nom « d'eaux blanches ».

C'est ainsi qu'en remontant à la constitution géologique d'une contrée, il est souvent possible de préjuger la composition des eaux qui l'arrosent.

En se plaçant au point de vue bactériologique, on observe des différences bien plus grandes, puisque le nombre des microbes varie de 320 à 2640 par centimètres cubes. La progression devient surtout sensible à la suite des grandes chutes d'eau.

Il est aussi à remarquer que la présence du coli-bacille et du bacille d'Eberth, coïncide avec l'augmentation de la quantité d'ammoniaque.

CHAPITRE II

ALIMENTATION DE VERSAILLES PAR LES EAUX DE LA VALLÉE DE LA SEINE. *(Voir planche I, II et III)*

Toutes les eaux de cette provenance sont élevées dans les réservoirs de Marly ou des Deux-Portes. Comme la consommation maxima de Versailles est de 15000 mètres cubes par jour, lorsque ces réservoirs sont pleins, en supposant qu'une raison quelconque vienne à supprimer les machines de Marly, ils suffiraient encore à alimenter la ville pendant vingt-six jours, sans rationnement aucun.

La contamination de la Seine en aval de Paris, a déterminé depuis longtemps la recherche d'une eau d'alimentation autre que celle du fleuve.

A la suite de sondages préliminaires pratiqués sur la rive gauche de la Seine, un premier puits fut foré en 1880, dans une cour des dépendances de la machine de Marly. Son produit journalier était d'environ 2000 mètres cubes. En vue d'augmenter la quantité d'eau de source, un second puits fut creusé en 1885, à 58 mètres du premier et dans les mêmes conditions.

Le rendement de ce puits n'ayant pas dépassé 1500 mètres cubes, on ouvrit une galerie pour le faire communiquer avec son aîné, ce qui permit d'élever avec la même
pompe le produit cumulé des deux forages, environ 3000 à
3500 mètres cubes par jour suivant la saison.

En 1894, le contingent ordinaire fourni par les étangs
ayant fait défaut et Versailles se trouvant menacé d'une
disette d'eau, de nouvelles recherches furent entreprises
sur la rive droite, dans la presqu'île de Croissy, divers
sondage ayant démontré qu'il n'y avait plus rien à tirer
de la rive gauche,

On fora un premier puits de 26 mètres de profondeur
avec tubage de un mètre de diamètre, qui fournit actuellement 7000 mètres cubes. Un autre puits établi à 112
mètres du précédent donne à peu près la même quantité.

Les eaux de ces puits sont élevées à 16 mètres de hauteur par des pompes, et refoulées jusqu'à la machine de
Marly au moyen d'une conduite qui traverse les ponts de
Bougival et de Croissy.

En résumé, l'alimentation actuelle des pompes de la machine de Marly, repose sur le produit des eaux extraites
des deux puits de Marly et des deux puits de Croissy,
dont le total représente environ 17000 mètres cubes par
jour.

Nous avons dit que les eaux de sources refoulées par
la machine de Marly, arrivaient dans les réservoirs des
Deux Portes à l'altitude de 170 mètres, de là elles passent
de l'autre côté de la route dans un établissement de distribution nommé Regard-du-Jongleur, d'où elles sont dirigées sur les filtres de Picardie, par un aqueduc d'un
développement de 6385 mètres.

Avant d'arriver au réservoir de Picardie, les eaux traversent un système de filtres, dont on avait reconnu l'utilité depuis longtemps, lorsque fut créé le service de Croissy. Ces filtres avaient pour mission de débarrasser l'eau de Seine de ses nombreuses et grossières impuretés, Ils se composaient de deux groupes de compartiments, incomplètement séparés par des cloisons verticales, et dans lesquels la filtration s'opérait deux fois d'abord de haut en bas, puis de bas en haut, en passant successivement dans les divers compartiments sur des couches superposées de gravier fin, de charbon, de rognures de fer et de gros gravier ; depuis l'adduction des eaux de la nappe de Crossy-Marly, l'utilité des filtres est plus contestable.

Pour ne pas devenir nuisibles, il est de toute nécessité qu'ils soient nettoyés souvent et avec beaucoup de soin.

On nous a affirmé que l'opération se pratiquait tous les mois, elle est d'ailleurs rendue beaucoup plus simple qu'autrefois en raison des modifications apportées aux appareils. Dabord, on a réduit le nombre des compartiments en supprimant en partie les cloisons interposées, puis on a cessé d'employer comme matière filtrante le charbon et les copeaux de fer. En résumé, il n'y a plus que trois compartiments avec une surface filtrante, totale de 57^{m}50, uniquement composés de gravier fin placé au-dessus de gros gravier. Dans ces filtres, le gros gravier est contenu dans des boîtes de fer perforées.

Le bâtiment qui abrite les filtres se compose d'une solide construction en maçonnerie recouverte d'une voûte en brique surmontée d'un toit.

Ce bâtiment mesure environ 13 mètres de long sur 8^{m}50 de large, il est situé à mi-côte de la butte de Picardie, à l'angle que forme la route de Vaucresson, en se détachant à gauche de la route nationale n° 185, de Versailles à Paris, par Ville-d'Avray et Saint-Cloud.

De là, les eaux peuvent être refoulées vers les réservoirs des Deux-Moulins, ou bien pénétrer d'elles-mêmes dans une conduite d'évacuation située sur le prolongement de l'axe de l'aqueduc de Picardie à sa terminaison aux filtres.

Les réservoirs où se déversent les eaux de la vallée de la Seine sont :

1° *Les réservoirs des Deux-Moulins*, situés à quelques centaines de mètres seulement des filtres. Ils sont au nombre de deux. Le plus ancien date de six ans, ses parois sont en tôle ; il possède une couverture en bois goudronné.

Le second réservoir à ossature en fer, parois en ciment et couverture en zinc, ne date que de trois ans. Il possède une contenance double du premier qui jauge 40 mètres cubes.

Ces deux réservoirs communiquent entre . eux ; ils sont spécialement affectés à l'alimentation du quartier de Clagny et du plateau de Jardy.

2° *Le réservoir de Picardie.* — C'est un bassin de forme carrée non couvert, placé à la côte de 156m41, pouvant contenir 13232 mètres. L'eau arrive des filtres à ce bassin au moyen d'une conduite en fonte. Il est situé de l'autre côté de la route, juste en face du bâtiment des filtres.

3° *Les réservoirs de Montbauron.* — Ces derniers sont au nombre de deux, à peu près rectangulaires, disposés parallèlement de l'ouest à l'est.

Par leur extrémité est, la plus éloignée du château, ces deux réservoirs sont en communication avec le système des étangs. L'extrémité opposée est voisine du carré des soupapes qui règle la distribution de l'eau envoyée en ville.

L'eau de la vallée de la Seine arrive tout naturellement

des filtres de Picardie, l'altitude des réservoirs de Montbauron étant de 156^{m}41, tandis que celle du fond des filtres
est de 160^{m}24. L'adduction de l'eau de l'aqueduc de Picardie au plateau de la butte Montbauron, éloignée seulement
de 1100 mètres, n'a présenté aucune difficulté.

Toutes les conduites qui font partie de la canalisation
sont en fonte, assemblées à emboîtement réciproque et
cordon, les joints sont faits avec de la corde goudronnée et
du plomb coulé, puis maté.

L'étanchéité du système paraît, dans ces conditions, assez
parfaite.

Les réservoirs de Maubauron ne sont pas couverts, comme
d'ailleurs celui de Picardie. Ils ont été établis au moyen
de terre glaise apportée, relevée sur les bords avec double
mur de soutènement en meulière et mortier de chaux
hydraulique.

L'eau qu'ils renferment n'a ni la transparence ni la lim-
pidité de l'eau du réservoir de Picardie. Examiné en masse,
le contenu du bassin paraît gris verdâtre, de nombreux
îlots de verdure qui s'enfoncent dans la profondeur surna-
gent à la surface. Les poissons, surtout les carpes, y vivent
dit-on en grande quantité.

Les deux bassins réunis peuvent contenir 115.783 mètres
cubes d'eau. Ils communiquent entre eux. Les conduites
de distribution qui en partent, communiquent également
entre elles, elles rayonnent dans presque toute la ville, à
l'exception du quartier de Clagny et des environs de la
butte de Picardie, que l'eau de Maulbauron ne saurait
atteindre à cause de leur situation élevée. Ce sont les
seules parties de Versailles, qui, en tous temps, ne peuvent
recevoir que de l'eau de Marly-Croissy, alors que partout
ailleurs ce sont les réservoirs de Montbauron qui assurent
le service de distribution.

ANALYSES BACTÉRIOLOGIQUES

DE L'EAU DISTRIBUÉE AUX FONTAINES PUBLIQUES DE LA VILLE DE VERSAILLES

*L'ensemencement a été fait avec 5 gouttes d'une dilution au 10ᵐᵉ ; correspondant
à une demi-goutte d'eau naturelle.*

*Pour obtenir le nombre de microbes contenus dans un centimètre cube d'eau, on multiplie par 40 les résultats
fournis par la culture, étant donné que 20 gouttes d'eau représentent un centimètre cube de ce liquide.*

ÉTANG DE SAINT-HUBERT

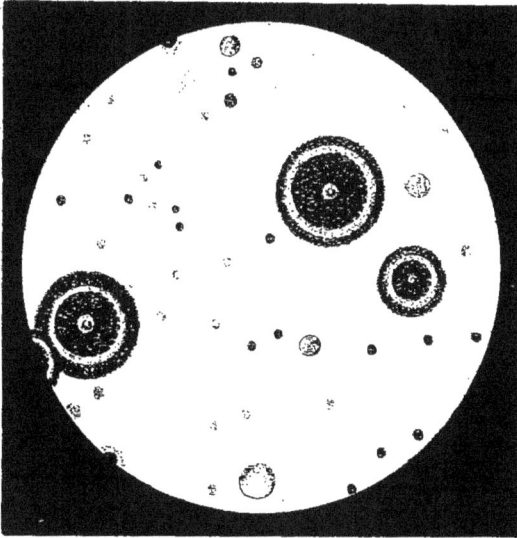

42 Colonies :

7 Champignons ou moisissures.
35 Germes vulgaires chromogènes.
$42 \times 40 = 1.680$ Colonies.

ÉTANG DE TRAPPES

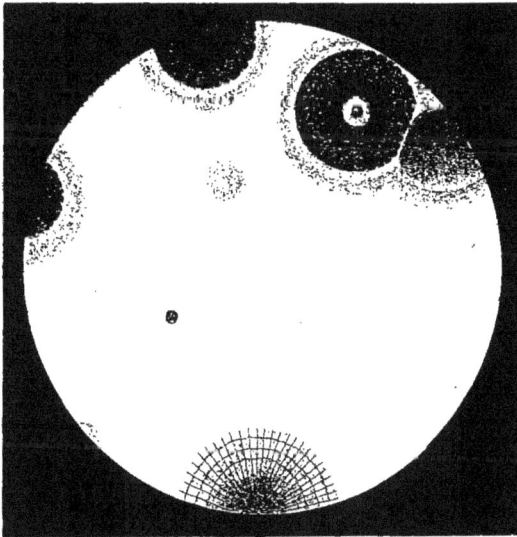

8 Colonies :

7 Champignons ou moisissures.
1 Germe vulgaire ou banal.
$8 \times 40 = 320$ Colonies.

Mˡˡᵉ Gavin, delt.   Imp. Lemercier, Paris.   A. Bénard, lith.

En résumé, l'eau de vallée de la Seine, conduite à Versailles par l'aqueduc de Picardie, traverse les filtres de ce nom, puis reçoit l'une des destinations suivantes.

1° Réservoir des Deux-Moulins pour être distribuée aux parties hautes du nouveau quartier de Clagny ;

2° Réservoir de Picardie avant d'être conduite à l'une des destinations 3, 4 ou 5 ;

3° Quartier de Picardie ;

4° Le palais de Versailles, non compris le parc, les bassins, le canal, les réserves et les Trianons ;

5° Les réservoirs nord et sud de Montbauron.

A ces derniers, approvisionnés en eau de la vallée de la Seine par des conduites directes partant des filtres et par d'autres conduites venant des réservoirs de Picardie, aboutit une canalisation qui amène de l'eau des étangs. Les réservoirs de Montbauron se trouvent donc placés à la jonction du système de Marly et de celui des étangs.

Provenance des eaux des puits de Marly-Croissy

D'après M. Rabot, les sources qui alimentent les puits de Marly et de Croissy, proviendraient d'une nappe souterraine située au-dessous de la vallée de Croissy et du Vésinet ; elles paraîtraient fournies par une nappe d'eau très abondante que l'on rencontrerait à la partie supérieure de la couche de craie sur laquelle reposent les alluvions de la vallée de la Seine ; c'est dans cette nappe que s'alimenterait la commune du Vésinet.

M. Gérardin ne partage pas l'opinion du docteur Rabot sur la nature de ces eaux. Pour lui, la nappe de Marly n'est pas limitée à Croissy, au Vésinet, à Bougival et à Marly ; elle s'étend au loin dans la vallée de la Seine. Elle est signalée dans la carte hydrologique de M. Delesse ; son existense et son abondance ne peuvent faire l'objet d'aucun doute.

M. Pallu, fondateur du Vésinet, a compté sur cette nappe encore inexploitée pour alimenter sa création ; son espoir n'a pas été déçu et le succès qui l'a couronné montre aux riverains de la Seine, le procédé pratique pour avoir de l'eau potable, puisqu'il leur est désormais interdit de compter sur l'eau du fleuve dont la contamination va toujours en croissant.

M. Belgrand a démontré qu'il existe des nappes semblables dans le fond de toutes les vallées de terrains perméables.

Les plus grands marais des bassins de la Seine et du nord de la France, se trouvent au fond des vallées crayeuses de la Champagne, de la Picardie et de la Flandre. En effet, les eaux pluviales, en tombant sur un terrain perméable, pénètrent dans le sol jusqu'à ce qu'elles rencontrent une couche imperméable, elles en remplissent toutes les fissures et finissent par remonter jusqu'à la surface du sol. Si le terrain est sillonné par une vallée, celle-ci est un véritable drain vers lequel affluent toutes les eaux absorbées par le plateau.

A Jussiers, par exemple, entre Mantes et Meulan, la nappe souterraine de la craie arrive à la surface du sol et forme dans le lit de la Seine même, des sources très abondantes, tandis qu'à Marly et au Vésinet, cette nappe est à 15 et 20 mètres au dessous du sol.

Nous insistons sur ce point, parce que beaucoup de personnes s'intéressant à cette question des eaux, se figurent que ces nappes ne sont autre chose que des infiltrations de la Seine, ce qui n'est pas ; car l'expérience a démontré que la partie constamment mouillée du lit d'un cours d'eau est imperméable. En second lieu, la composition chimique de ces nappes dépend uniquement de la nature des eaux courantes, à la surface des vallées. Si la nappe de Marly était une infiltration de la Seine, elle se tiendrait à peu près au même niveau qu'elle et non à 14 mètres en contre-bas, profondeur à laquelle on la rencontre au Vésinet, à Marly et dans d'autres localités voisines du fleuve. De plus, elle aurait à peu près la même composition que l'eau de la Seine, ce qui est loin d'exister ainsi qu'on le verra plus loin.

Analyses chimiques et bactériologiques

1° de l'eau des deux puits réunis de Marly, le 1er août 1895, le 3 décembre 1895 et le 5 avril 1899.

2° de l'eau de la Seine prélevée à environ un mètre en amont des coursiers de la machine de Marly, le 1er août 1895 et le 5 avril 1899.

RECHERCHES GÉNÉRALES	EAU des PUITS de MARLY			EAU de la SEINE	
	1er août 1895	3 déc. 1895	5 avril 1895	1er août 1895	5 avril 1899
Degré hydrotimétrique	41°.3	52".8	51".4	20".8	18°.6
Matière organique évaluée en (Alcaline	»	»	1.2	»	5.8
oxygène absorbé en solution (Acide ..	1.5	1	0.8	5.5	3.5
Oxygène dissous	8.7	9.5	8.2	1.8	2.3
Ammoniaque. Sels ammoniacaux	0.3	0.15	0.07	2.5	0.9
— des albuminoïdes	0	0	0	»	0.6
Azotites	0	0	0	2	0.3
Azotates (en acide azotique)	1	1.5	17.5	27	36
Acide carbonique	85	100	105.3	106	98
Acide sulfurique	176	198	187	54	43
Chlore	47	206	32	7	8.5
Chaux	162	196	212	95	93
Magnésie	48	56	52	6	4.5
Potasse et soude	43	36	16	22	20.5
Silice	14	18	16	16	15
Alumine et oxyde de fer	fort.traces	Id.	id.	8	8
Résidu desséché à + 110°	610	729	752	397	342
Résidu calciné	493	594	651	232	217
Perte au rouge	117	135	101	165	125
Composition hypothétique					
Carbonate de chaux	276	334	346	149	144
— de magnésie	0	0	0	27	25
Sulfate de chaux	140	143	139	92	90
— de magnésie	144	151	163	0	0
Chlorure de sodium	81	108	56	12	16.5
Azotate de soude	0	0	0	43	35
Analyse bactériologique (Germes aérobies)					
Numération (par centimètre cube)	400	320	180	93.000	138.000
Date de la liquéfaction complète	14e jour	16e jour	24e jour	7e jour	5e jour
Champignons. Moisissures	80	140	60	11.000	9.000
Bacterium termo	20	4	16	7.000	24.000
Bacillus subtilis	0	16	8	3.000	7.000
Bacillus fluorescens liquéfiant	0	0	0	18.000	36.000
Levures blanches	0	0	0	9.000	3.000
Bacilles chromogènes	280	160	96	45.000	55.000
Micrococcus aquatilis	0	0	0	0	4.000
Coli-bacille	0	0	0	quantité	quantité
Bacille d'Eberth-Gaffky	0	0	0	5	présence

EAU DE SEINE

PUISÉE EN AMONT DES COURSIERS DE LA MACHINE DE MARLY

Par exception, la culture entreprise avec l'eau de Seine a été faite en partant d'un centième de goutte, étant donné la grande quantité de microbes qu'elle renferme.

EAU DE SEINE DE MARLY

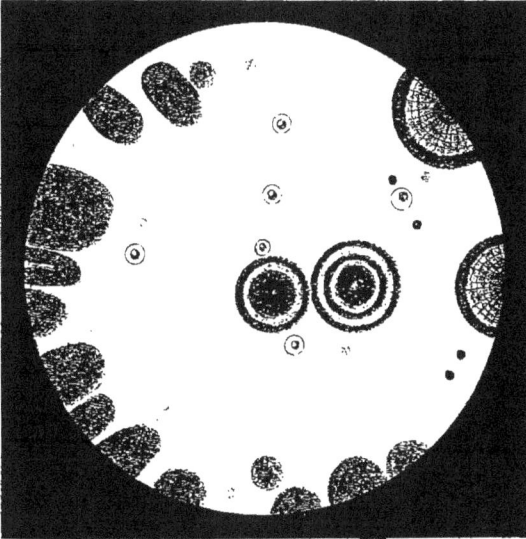

EAU DE SEINE

49 Colonies :

17 Champignons ou moisissures.
26 Microbes divers parmi lesquels figurent :
6 Bactérium Coli-Commune, soit pour un centième de goutte d'eau 98.000 Colonies.

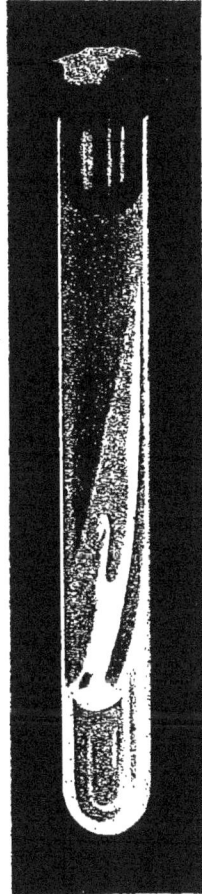

Culture du Bacille
Coli-Commune.

M¹ˢ Gavin, delt.   Imp. Lemercier, Paris.   A. Bénard, lith.

ANALYSES BACTÉRIOLOGIQUES

DE L'EAU DISTRIBUÉE AUX FONTAINES PUBLIQUES DE LA VILLE DE VERSAILLES

L'ensemencement a été fait avec 5 gouttes d'une dilution au 10me ; correspondant à une demi-goutte d'eau naturelle.

Pour obtenir le nombre de microbes contenus dans un centimètre cube d'eau, on multiplie par 40 les résultats fournis par la culture, étant donné que 20 gouttes d'eau représentent un centimètre cube de ce liquide.

PUITS DE LA MACHINE DE MARLY

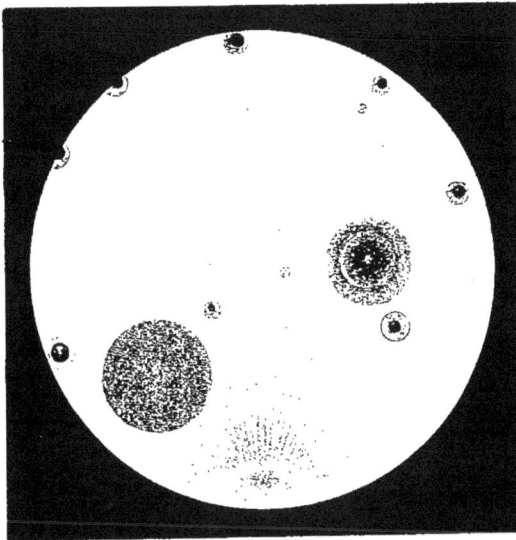

20 Colonies :

2 Champignons ou moisissures.
1 Bactérium termo.
7 Microbes chromogènes vulgaires.
$20 \times 40 = 800$ Colonies.

PUITS N° 1 DE LA PRESQU'ILE DE CROISSY

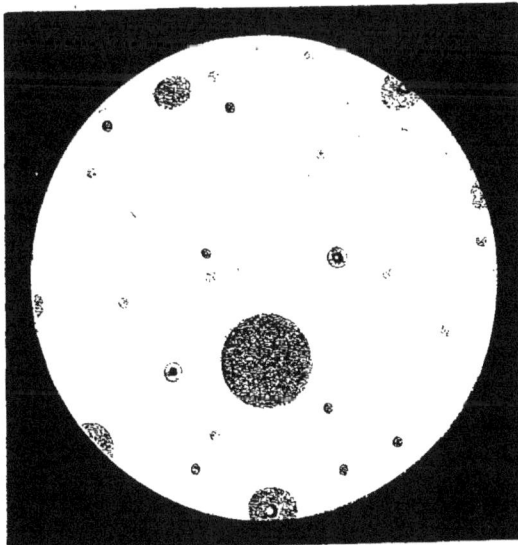

26 Colonies :

17 Micrococus flavens liquéfaciens.
9 Bactérium termo.
$26 \times 40 = 1.040$ Colonies.

M⁰ Gavin, delt.   Imp. Lemercier, Paris.   A. Bénard, lith.

Analyses chimiques et bactériologiques des eaux des puits n° 1 et n° 2 de Croissy, puisées les 1er août et 3 décembre 1895, et le 5 avril 1899.

Les résultats sont comme toujours exprimés en milligrammes et par litre d'eau

RECHERCHES GÉNÉRALES	EAU DU PUITS N° 1			EAU DU PUITS N° 2		
	1er août 1895	3 déc. 1895	5 avril 1895	1er août 1895	3 déc. 1895	5 avril 1899
Degré hydrotimétrique	38°	36°5	40°2	38°	36°	35°8
Matière organique éva- ⎰ acide	»	»	0.75	»	»	1.5
luée en oxygène dis- ⎱ alca-						
sous en solution.... ⎰ line	1	1 5	0.5	0.8	1.8	2.1
Oxygène dissous............ ..	9.25	9.75	6.8	9.5	8.5	6.2
Ammoniaque (sels d')..........	0.2	0.25	0.3	0.2	0.3	0.5
Ammoniaque des albuminoïdes	»	»	»	»	»	0 15
Nitrites	0	0	0	0	0	0
Nitrates en acide nitrique.....	15	20	36			11.4
Acide carbonique total.... ...	129	124	173.5			215
Acide sulfurique	160	140	128			94
Chlore......................	45	41	25.5			182
Chaux......................	148	141	192.5			164.5
Magnésie..................	32	30	31.5			26
Potasse....................	»	»	16			10.6
Soude.....................	45	45	26.5			12
Silice	traces	traces	17			14.5
Alumine et oxyde de fer......	traces	traces	traces			fort. tr.
Résidu desséché à + 110°....	505	494	669			557
— calciné.............	422	414	556.4			436
Perte au rouge	83	80	112.6			121

Composition hypothétique

Carbonate de chaux..........	209	204	284			258
— de magnésie........	»	»	»			83
Sulfate de chaux............	168	165	178			159
— de magnésie........	94	86	54	id.	id.	»
Azotate de potasse...........	»	»	34.5			21.4
Chlorure de sodium..........	75	72	42			31
Azotate de chaux............	»	»	26 5			»

Analyse bactériologique (Germes aérobies)

Numération (par centim. cube)	1640	2880	94	760	3660	500
Date de la liquéfaction........	7e jour	5e jour	Pas	8e jour	6e jour	16e jour
Champignons. Moisissures.....	»	»	»	»	»	160
Bactérium termo.............	360	340	»	300	640	40
Bacillus fluorescens liquéfiant.,	680	1480	»	460	1660	20
Levures blanches ou roses....	»	140	»	»	240	80
Micrococcus aquatilis	»	»	»	»	»	»
Bacilles chromogènes........	600	920	94	»	1120	20
Bacillus subtilis	»	»	»	»	»	180
Coli-bacille.................	Absence	»	»	»	»	»
Bacille d'Eberth-Gaffky.......	Absence	»	»	»	»	»

Note: Pour l'Eau du puits N° 2, colonnes 1er août 1895 et 3 déc. 1895 : « Même composition que pour le puits n° 1 ».

3

Si, en se basant sur les analyses de 1899, on compare les eaux des deux puits de Croissy, qui sont, depuis quatre années. en pleine période d'exploitation, on voit que l'examen bacté riologique, satisfaisant en ce qui concerne le puits nº 1, l'est beaucoup moins pour le puits nº 2, où les germes sont de beaucoup supérieurs à ceux de l'autre puits.

Si l'on tient compte de la proximité de ces puits et de l'identité des conditions géologiques, cette divergence surprend au premier abord. Elle ne peut s'expliquer que par le mélange d'une eau impure avec l'eau de la nappe crayeuse qui a conservé toute sa pureté dans le puits nº 1.

La quantité d'eau souillée ne paraît pas être considérable, il sera facile, du reste, de s'opposer à son arrivée en faisant des réparations au puits jusqu'au niveau de la craie.

Quant au puits de Marly, l'analyse de 1899 ne fait ressortir aucune différence bien sensible avec celles des années précédentes.

Si, maintenant, on jette un coup d'œil sur les analyses de 1899 de l'eau des trois puits, on trouve des différences qui ont besoin d'être expliquées.

Le puits nº 2 de Croissy est le plus rapproché de la Seine ; on peut être tenté d'attribuer sa contamination à l'eau du fleuve, d'autant plus, qu'ainsi qu'il est facile de s'en rendre compte en voyant les résultats de l'analyse, la minéralisation de l'eau de la Seine est beaucoup plus faible que celle de l'eau des puits et que, parmi ceux-ci, le puits nº 2 est lui même le plus faiblement minéralisé.

Mais on est en droit d'objecter que les eaux des deux puits de la rive droite ont une composition très semblable entre elles et sensiblement différente de celle du puits de Marly. Or, comme la pureté du puits nº 1 prouve qu'elle ne reçoit certainement pas d'eau de Seine, ce n'est pas à cette cause que l'on peut attribuer la moindre minéralisation des puits de la rive droite, par rapport à celui de la rive gauche. Ce n'est pas, suivant toute probabilité, à l'eau de Seine que l'on peut attribuer l'infection partielle du puits n° 2.

Nous devons certainement avoir affaire à une nappe dite d'infiltration alimentée par les eaux de pluies ayant traversé le terrain de la surface, composé de fumiers et de détritus de toutes sortes, avant de venir se mêler à la nappe de la craie.

L'analyse chimique, par la teneur en ammoniaque libre et albuminoïde, en azotate, carbonate, sulfate de chaux et en matières organiques, nous apprend en effet qu'il s'agit d'une eau qui a traversé un terrain riche en débris, fumiers, gadoues, etc.

D'une manière générale, il ressort encore de ces analyses, que l'eau de la nappe crayeuse est pure et d'assez bonne qualité, bien que trop chargée en sels calcaires, ce qui en fait une eau dure.

A ce point de vue, son mélange avec l'eau des étangs peut paraître avantageux, surtout pour les usages culinaires. Dans ce cas, on ne saurait trop recommander la filtration à domicile par un appareil éprouvé et toujours entretenu en bon état.

Analyses de l'eau fournie par les fontaines de la ville alimentées par les réservoirs. Échantillons prélevés à deux robinets quelconques, l'un dans le quartier St-Louis, quartier Sud, l'autre dans le quartier Notre-Dame, quartier Nord, les 6 juin 1892, 3 novembre 1895 et 25 avril 1899.

RECHERCHES GÉNÉRALES	FONTAINE NORD			FONTAINE SUD		
	Juin 1895	Novemb 1895	Avril 1899	Juin 1895	Novemb 1895	Avril 1899
Degré hydrotimétrique........	25°5	40°5	30°2	25°5	40°5	30°6
Matière organique éva-\ acide	»	»	2.1	»	»	1.7
luée en oxygène ab-\ alca-						
sorbé en solution....) line	1.5	0.8	1.6	2.5	1.2	1.2
Oxygène dissous.........	8.5	9	8.3	7.5	8.5	8.6
Ammoniaque et sels d'........	traces	2.5	0.2	traces	2.5	0.2
Ammoniaque des albuminoïdes	»	»	»	»	»	»
Nitrites....................	»	»	»	»	»	»
Nitrates (en acide nitrique)....	2.1	2.8	6	2.1	1.25	6
Acide carbonique...........	103	157	117	103	157	117
Acide sulfurique.....	101	170	126	101	170	126
Chlore..	12.5	42	31	12.5	42	31
Chaux....................	88	155	116	88	155	116
Magnésie..................	34	40	32	34	40	32
Potasse...................	1.7	2.3	5	1.7	2.3	5
Soude....................	9	52	21	9	52	21
Silice....................	14	10	12	14	10	12
Alumine ferrugineuse........	8	9	4	8	9	4
Résidu desséché à + 110°.....	361	582	437	361	582	437.5
Résidu calciné..............	219	475	352	217	474	352
Perte au rouge	142	107	85	144	108	85.5
Composition hypothétique						
Carbonate de chaux...........	164	267	188	164	267	188
— de magnésie...... ..	»	»	»	»	»	»
Chlorure de sodium...........	21	77	51	21	77	51
Sulfate de chaux	56	134	105.5	56	134	105.5
— de magnésie	100	141	96	100	141	96
Azotate de potasse...........	3.8	5	10.8	3.8	5	10.8
Analyse bactériologique (Germes aérobies)						
Numération (par centim. cube)	2680	1640	2160	3120	2800	2240
Date de la liquéfaction	Pas	13° jour	16° jour	Pas	Pas	14° jour
Champignon. Moissures........	2320	1200	1680	3000	2100	1860
Bactérium termo.............	»	40	20	»	»	16
Bacillus fluorescens liquéfiant.	»	60	116	»	»	20
Levures...................	»	»	8	»	»	»
Bacillus subtilis	»	»	8	»	»	16
Bacilles chromogènes..	360	340	328	120	700	328
Coli-bacille	»	»	Prés.	»	»	Prés.
Bacille d'Eberth-Gaffky........	»	»	»	»	»	»

ANALYSES BACTÉRIOLOGIQUES

DE L'EAU DISTRIBUÉE AUX FONTAINES PUBLIQUES DE LA VILLE DE VERSAILLES

L'ensemencement a été fait avec 5 gouttes d'une dilution au 10me ; correspondant à une demi-goutte d'eau naturelle.

Pour obtenir le nombre de microbes contenus dans un centimètre cube d'eau, on multiplie par 40 les résultats fournis par la culture, étant donné que 20 gouttes d'eau représentent un centimètre cube de ce liquide.

FONTAINE NORD (QUARTIER NOTRE-DAME)

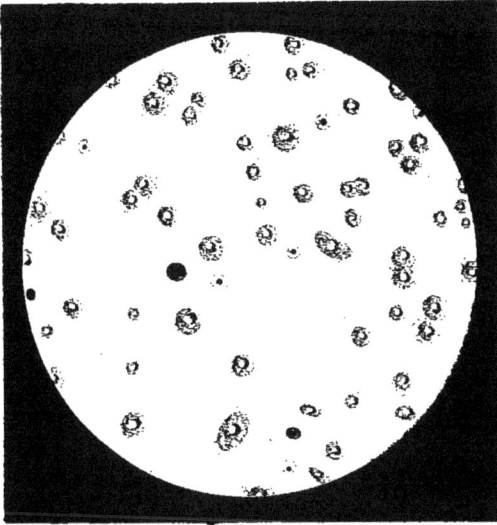

67 Colonies :

58 Champignons ou moisissures.
9 Germes vulgaires.
$67 \times 40 = 2.680$ Colonies.

FONTAINE SUD (QUARTIER SAINT-LOUIS)

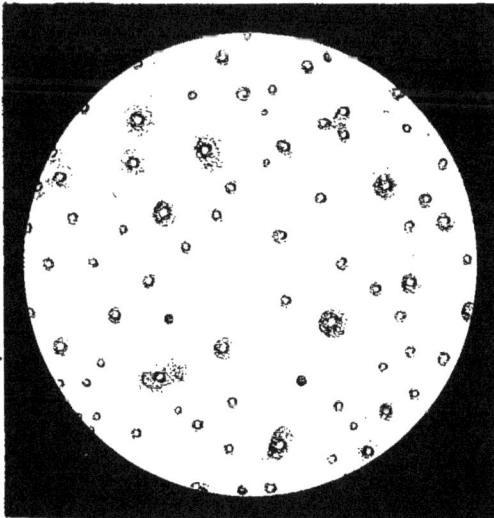

78 Colonies :

75 Champignons ou moisissures.
3 Microbes vulgaires.
$78 \times 40 = 3.120$ colonies.

ANALYSES BACTÉRIOLOGIQUES

DE L'EAU DISTRIBUÉE AUX FONTAINES PUBLIQUES DE LA VILLE DE VERSAILLES

L'ensemencement a été fait avec 5 gouttes d'une dilution au 10ᵐᵉ ; correspondant à une demi-goutte d'eau naturelle.

Pour obtenir le nombre de microbes contenus dans un centimètre cube d'eau, on multiplie par 40 les résultats fournis par la culture, étant donné que 20 gouttes d'eau représentent un centimètre cube de ce liquide.

HOPITAL MILITAIRE AVANT FILTRAGE

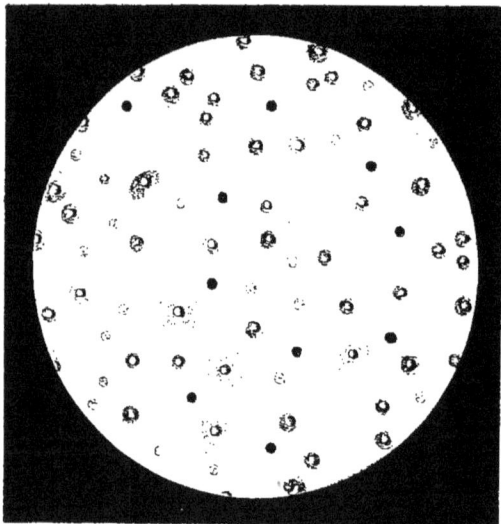

117 Colonies :

81 Champignons, moisissures néant.
28 Germes vulgaires.
8 Germes putrides.
$117 \times 40 = 4.680$ Colonies.

HOPITAL MILITAIRE APRÈS FILTRAGE

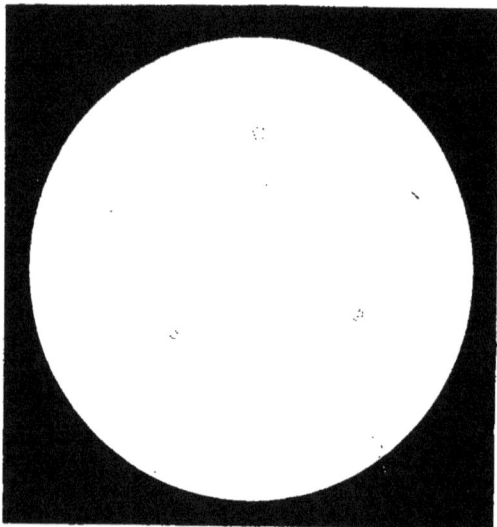

3 Colonies :

3 Germes vulgaires.
$3 \times 40 = 120$ Colonies.

Mⁱˢ Gavin, delt.   Imp. Lemercier, Paris.   A. Bénard, lith.

Analyse de l'eau de l'hôpital militaire et de la fontaine du Camp de Satory. Echantillons prélevés le 6 juin 1895, le 3 décembre 1895 et le 25 avril 1899.

RECHERCHES GÉNÉRALES	HOPITAL MILITAIRE			CAMP DE SATORY		
	Juin 1895	décemb. 1895	Avril 1899	Juin 1895	Décem. 1895	Avril 1899
Degré hydrotimétrique........	25°.5	40°.5	30°.2	17°.8	»	16.5
Matière organique éva- ⸜ acide	»	»	2.2	»	»	3.6
luée en oxygène ab- ⸝ alca-						
sorbé, en solution... ⸝ line	3.2	1.6	1.8	3.5	»	2.7
Oxygène dissous.............	8.5	9	8.1	3.25	»	3.75
Ammoniaque (sels d')........	traces	2.5	0.2	1.3	»	0.7
Ammoniaque des albuminoïdes	»	»	»	»	»	0.5
Nitrites.....................	»	»	»	traces	»	0.3
Nitrates (en acide nitrique)....	2.1	2.8	6	1	»	3
Acide carbonique............	103	157	117	88	»	87.5
Acide sulfurique.............	101	170	126	48	»	39
Chlore	12.5	42	31	9	»	7.5
Chaux.....................	88	155	116	79	»	82 5
Magnésie..................	34	40	32	6	»	4
Potasse....................	1.7	2.3	5	traces	»	5
Soude.....................	9	52	21	8	»	5
Silice.....................	14	10	12	15	»	17.5
Alumine ferrugineuse........	8	9	4	9	»	8
Résidu desséché à + 110°.....	361	582	437	281	»	252
Résidu calciné..............	219	474	352	161	»	142
Perte au rouge	142	108	85.5	120	»	110

Composition hypothétique

Carbonate de chaux..........	164	267	188	119	»	128
Sulfate de chaux.............	56	134	105.5	23	»	21
— de magnésie.	100	141	96	24	»	23
Chlorure de sodium..........	21	77	51	14	»	12.5
Azotate de potasse...........	3.8	5	10.8	2	»	6

Examen bactériologique (Germes aérobies)

Numération (par centim. cube)	4.680	4.200	4.360	48 000	»	36.000
Date de la liquéfaction	11e jour	10e jour	10e jour	7e jour	»	8e jour
Champignons. Moisissures	3.240	2.600	2.820	5.000	»	6.000
Bactérium termo............	320	160	220	3.000	»	2 600
Bacillus fluorescens liquéfiant.	»	»	80	11.000	»	9.400
Levures	»	»	120	6.000	»	8.000
Bacillus subtilis	»	240	32	7.000	»	4.000
Bacilles chromogènes........	1 120	1.200	1 088	1.600	»	6.000
Coli-bacille	»	»	présence	présence	»	présence
Bacille d'Eberth-Gaffky.......	»	»	»	»	»	présence

Il ressort de nos analyses, que les trois fontaines où l'eau a été prélevée au hasard, au nord, au sud et à l'hôpital militaire, fournissent le même liquide.

L'eau provenant de la fontaine du camp de Satory présente une bonne composition chimique, mais elle est mauvaise par suite de sa contamination. Frappés de l'analogie qui existe entre la composition de cette eau et celle de la Seine, nous avons pris des renseignements et acquis la certitude que le plateau de Satory est alimenté par l'usine hydraulique établie à Choisy-le-Roi, par la compagnie des eaux de Paris. C'est donc de l'eau de Seine prise à Choisy-le-Roi, à neuf kilomètres en amont de la capitale que l'on consomme au camp de Satory, alors qu'il n'en arrive plus une goutte à Versailles.

La comparaison des analyses de l'eau de ces fontaines fait ressortir des différences considérables dans leur composition, aux différentes époques.

Pour ne parler que du degré hydrotimétrique, la dernière analyse faite en avril 1899, accuse 30°,2 tandis que celle du mois d'avril n'avait donné que 25°,5 et que celle de novembre de la même année marquait 40°,5. Cette anomalie peut s'expliquer ainsi qu'il suit : Après les fortes chaleurs de l'été de 1895, les étangs qui concourent à l'alimentation ayant été complètement desséchés, les réservoirs de la ville ne recevaient plus que de l'eau des puits de Marly et de Croissy. Or, nous avons dit plus haut que dans les circonstances normales, les réservoirs recevaient, en même temps que l'eau de ces puits, des eaux blanches d'étangs. Ces dernières, dont le degré hydrotimétrique varie entre 6° et 7°, contribuent dans de fortes proportions, à l'abaissement du degré du mélange. D'autre part, en comparant l'eau débitée par les fontaines en novembre 1895, avec celle des puits de Marly-Croissy, on voit qu'elles ont un grand air de ressemblance.

La quantité d'oxygène absorbé varie avec chaque fontaine.

et c'est celle de l'hôpital qui renferme le plus de matières organiques.

En 1896, ayant voulu constater l'état de propreté des conduites, on en fit explorer un certain nombre ; on découvrit, surtout dans les parties coudées, des dépôts considérables de détritus de toutes sortes parmi lesquels figuraient des débris de poissons. C'est bien certainement à cette cause que l'on doit attribuer ces différences qui ne pourraient s'expliquer autrement.

CHAPITRE III

ALIMENTATION PAR LES SOURCES DITES DE COLBERT. *(Voir planche n° 1.)*

Le service des sources inauguré par Colbert comprend : 1° les sources de la plaine de Trou-d'Enfer, de Bailly et de Vauluceaux ; 2° celles de Roquencourt, du Chesnay et de la plaine des Fonds-Maréchaux.

L'aménagement de ces sources comprend : 1° un système d'aqueducs souterrains d'un développement de 9.149 mètres ; 2° un système de conduite en fonte, grès et bois d'une longueur de 8.182 mètres.

Par sa situation topographique et ses différentes altitudes, ce service forme deux étages. Il est limité au nord par la forêt de Marly, au sud par les coteaux de Saint-Cyr et de Bois-d'Arcy.

Le premier étage est composé exclusivement d'aqueducs souterrains situés dans la plaine de Trou d'Enfer, à 175 mètres d'altitude.

Les sources ont été captées à des profondeurs variant de 25 à 27 mètres. Ces aqueducs dont le principal est dirigé de l'ouest à l'est, se terminent tous à la chambre du Trou-d'Enfer, située dans la forêt de Marly, près du poste du garde-fontainier. Au même point vient aussi aboutir l'aqueduc de la plaine de Bailly.

Les aqueducs de la plaine de Trou-d'Enfer ont une longueur totale de 3.492 mètres.

Le deuxième étage comprend les sources de la plaine de Bailly, captées à la côte de 138 à 140 mètres. Les sources de Chèvreloup et de Voluceaux à la côte de 140 mètres ; les sources de Roquencourt à la côte de 138^{m}58 ; celles du Chesnay à la côte de 135 mètres ; du Bel-Air et des Fonds-Maréchaux à la côte de 139 mètres.

Le captage des sources de tout cet étage a été opéré seulement à une profondeur de cinq à sept mètres. La profondeur des aqueducs varie de quatre à six mètres, et celle des conduites secondaires de deux à quatre mètres.

L'aqueduc de Bailly reçoit toutes les eaux recueillies dans la plaine de ce nom. il possède une étendue de 2.232 mètres.

De la chambre de réunion de Trou-d'Enfer, part un aqueduc qui recueille dans son parcours toutes les sources de la plaine de Bailly. lesquelles sont dirigées vers une deuxième chambre appelée « Regard-des-Gendarmes », qui est mise en communication avec une troisième chambre de réunion au moyen d'une conduite en fonte. Cette chambre est située tout près de l'avenue du Chesnay.

Un troisième aqueduc partant aussi de la chambre du Trou-d'Enfer. traverse une partie des plaines de Bailly, de Roquencourt et du Chesnay, et vient aboutir à une nouvelle chambre dite de Flachard.

La chambre de Flachard reçoit donc les eaux de la plaine de Trou-d'Enfer. celles de la plaine de Bailly et celles qui lui viennent par l'aqueduc du parc (210 mètres), et par des conduites en fonte (2.835 mètres), de la plaine du Bas-bel-Air, située entre le Chesnay à l'ouest, et les Fonds-Maréchaux à l'est.

Par une conduite moitié en fonte et moitié en grès, ces sources sont dirigées vers une cinquième chambre appelée « Regard-l'Évêque », puis de cette dernière, toujours par des conduites, se déversent dans le grand carré de réunion de la plaine du Chesnay, près de l'avenue de ce nom.

Réunies toutes en ce point, les eaux des sources Colbert arrivent à Versailles par une conduite unique qui, en se ramifiant, va alimenter sept fontaines publiques disséminées dans les quartiers Notre-Dame et Saint-Louis.

Ce sont : la borne-fontaine de la rue Berthier, près la rue Maurepas ; la borne-fontaine du boulevard de la Reine, à l'angle de la rue des Réservoirs ; la fontaine de la rue des Réservoirs, en face de la rue Carnot ; la fontaine de la place Hoche, du côté des Réservoirs ; la fontaine de la Rampe, à l'angle des rues de Gravelle et de Satory ; la fontaine des Quatre-Bornes, à l'angle des rues de l'Orangerie et de Satory ; la fontaine Saint-Louis.

En dehors de ce service, il en existe un autre spécialement désigné sous le nom de sources des Fonds-Maréchaux, situé à l'est de la plaine du Chesnay, le service n'alimente à Versailles qu'une seule fontaine, celle de la rue de Beauvau, près de la rue Duplessis dans le quartier Notre-Dame.

On verra plus loin, au sujet de cette fontaine, que les analyses chimiques et bactériologiques de l'eau qu'elle débite, ont démontré que sa qualité était bien supérieure à celle de l'eau distribuée aux sept autres fontaines du système de Colbert.

Il résulte d'un jaugeage exécuté en 1895, que le rendement des sources, malgré le mauvais état d'entretien dans

lequel on les laisse, donnait encore par 24 heures un volume
d'eau d'environ 120 mètres cubes, et celui perdu pour la
consommation de 130 mètres, soit par an, 91.250 mètres
cubes d'eau potable de bonne qualité, qu'on pourrait utiliser en créant un établissement hydraulique spécialement
affecté au quartier du Chesnay.

Des travaux d'entretien s'imposent avec la plus extrême
urgence, autrement la qualité de ces eaux, qui déjà renferment beaucoup de bactéries pour des eaux de sources,
sera sérieusement compromise. Si des infiltrations ne se
sont pas déjà produites, c'est grâce au soin avec lequel les
premiers travaux ont été exécutés.

Analyses chimiques et bactériologiques des eaux de Sources dites de Colbert, prélevées à deux fontaines prises au hasard, l'une dans le quartier Notre-Dame, l'autre dans le quartier Saint-Louis, les 8 juin 1895, 4 novembre 1895 et 4 mai 1899.

RECHERCHES GÉNÉRALES	Fontaine de la place Hoche			Fontaine de la place Saint-Louis		
	Juin 1895	Novemb 1895	Mai 1899	Juin 1895	Novemb 1895	Mai 1899
Degré hydrotimétrique........	51°5	51°	50°8	51°5	51°	50°8
Matière organique éva- ⟮ acide	»	»	1.1	»	»	0.75
luée en oxygène ab- ⟯ alca-						
sorbé, en solution... ⟮ line	1.2	1.1	0.8	0.5	0.5	0.6
Oxygène dissous...............	7.25	7.50	8.2	7.50	7.50	7.25
Ammoniaque (sels d')........	0 15	0.15	0.12	»	»	»
— des albuminoïdes.	»	»	»	»	»	»
Azotites....................	»	»	»	»	»	»
Azotates (en acide azotique)...	89	Pas de changement sensible	Pas de changement sensible	89	Pas de changement sensible	Pas de changement sensible
Acide carbonique............	119			119		
— sulfurique...........	230			230		
Chlore....................	21			21		
Chaux...........:........	178			178		
Magnésie..................	84			84		
Soude.....................	41			41		
Silice.....................	11			11		
Alumine ferrugineuse.......	traces			traces		
Résidu desséché à + 110°.....	764			760		
— calciné...............	619			619		
Perte au rouge........	145			145		

Composition hypothétique

Carbonate de chaux	187	Semblable	Semblable	187	Semblable	Semblable
Sulfate de chaux............	112			112		
— de magnésie.........	250			250		
Chlorure de sodium..........	32			32		
Azotate de chaux............	188			188		
— de soude.............	39			39		

Analyse bactériologique (Germes aérobies)

Numération.................	1880	800	1440	2200	1400	1200
Date de la liquéfaction........	Néant	Néant	22° jour	Néant	Néant	Néant
Champignons. Moisissures.....	1720	760	1220	1960	900	700
Espèces vulgaires....	160	40	180	240	500	480
Levure blanche..............	»	»	4	»	»	20
Bacterium termo.............	»	»	16	»	»	»
Coli-bacille	»	»	»	»	»	»
Bacille d'Eberth-Gaffky.......	»	»	»	»	»	»

ANALYSES BACTÉRIOLOGIQUES

DE L'EAU DISTRIBUÉE AUX FONTAINES PUBLIQUES DE LA VILLE DE VERSAILLES

L'ensemencement a été fait avec 5 gouttes d'une dilution au 10ᵐᵉ ; correspondant à une demi-goutte d'eau naturelle.

Pour obtenir le nombre de microbes contenus dans un centimètre cube d'eau, on multiplie par 40 les résultats fournis par la culture, étant donné que 20 gouttes d'eau représentent un centimètre cube de ce liquide.

FONTAINE OUEST DE LA PLACE HOCHE

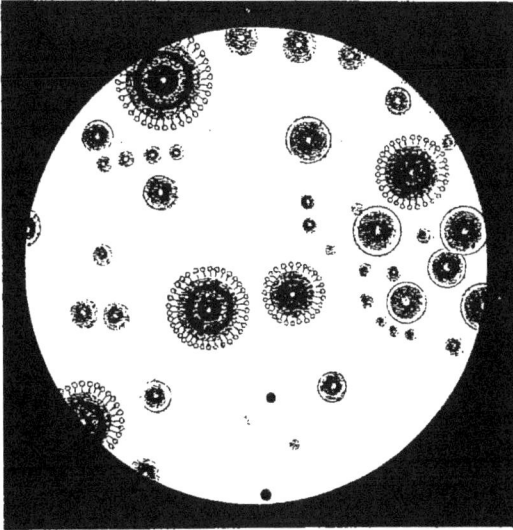

47 Colonies :

43 Champignons ou moisissures.
4 Microcoques vulgaires.
$47 \times 40 = 1.880$ Colonies.

FONTAINE DE LA PLACE SAINT-LOUIS

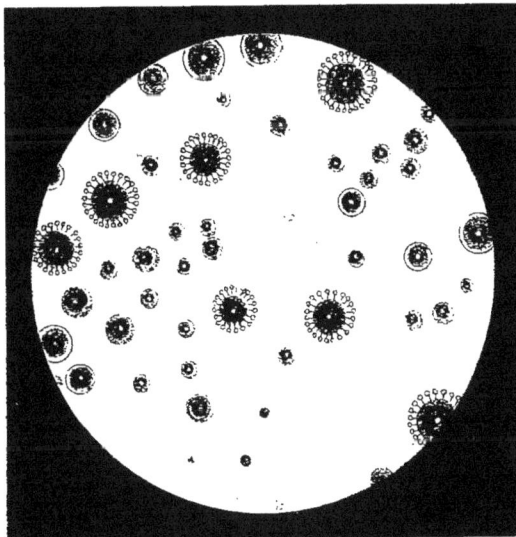

55 Colonies :

49 Champignons, moisissures néant.
6 Germes vulgaires.
$55 \times 40 = 2.200$ Colonies.

Mˡˡᵉ Gavin, delt.   Imp. Lemercier, Paris.   A. Bénard, lith.

ANALYSES BACTÉRIOLOGIQUES

DE L'EAU DISTRIBUÉE AUX FONTAINES PUBLIQUES DE LA VILLE DE VERSAILLES

*L'ensemencement a été fait avec 5 gouttes d'une dilution au 10ᵐᵉ ; correspondant
à une demi-goutte d'eau naturelle.*

*Pour obtenir le nombre de microbes contenus dans un centimètre cube d'eau, on multiplie par 40 les résultats
fournis par la culture, étant donné que 20 gouttes d'eau représentent un centimètre cube de ce liquide.*

FONTAINE DE LA RUE DE BEAUVEAU

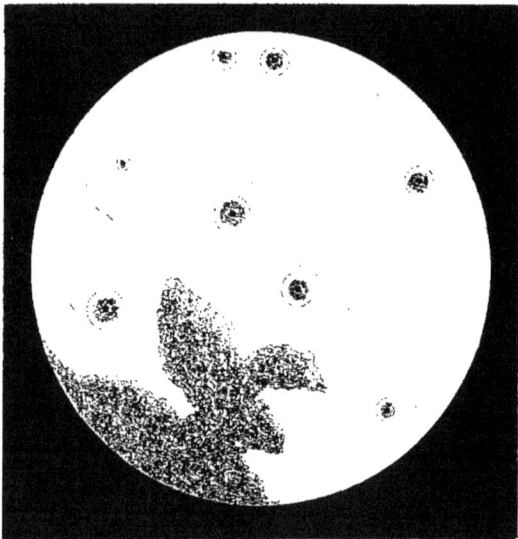

9 Colonies :

8 Champignons ou moisissures.
1 Microbe micrococus aquatilis.
$9 \times 40 = 360$ Colonies.

FONTAINE DE LA VIERGE (RUE DE L'HERMITAGE)

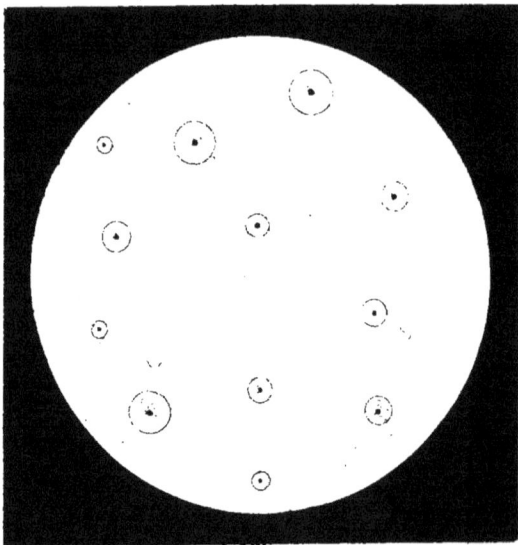

12 Colonies :

12 Champignons ou moisissures.
$12 \times 40 = 480$ Colonies.

Mˡˡᵉ Gavin, delt.   Imp. Lemercier, Paris.   A. Bénard, lith.

Analyses chimiques et bactériologiques de l'eau de la fontaine
de la rue de Beauveau prélevée les 8 juin 1895, 4 novembre 1895
et 4 mai 1899.

RECHERCHES GÉNÉRALES	FONTAINE DE LA RUE DE BEAUVEAU		
	8 juin 1895	4 nov. 1895	4 mai 1899
Degré hydrotimétrique.................	19°.5	19°.5	19°
Matière organique évaluée en (acide	»	»	1.6
oxygène absorbé, en solution (alcaline	0.8	0.8	1.1
Oxygène dissous.....................	8.6	8.6	8.1
Ammoniaque. Sels d'ammoniaque.......	»	»	»
Ammoniaque des albuminoïdes..........	»	»	»
Azotites............................	»	»	»
Azotates (en acide azotique).............	13	11.5	11.5
Acide carbonique....	78	76	76
— sulfurique......................	70	70.5	70.5
Chlore.............................	45	45	45
Chaux.............................	88	88	88
Magnésie...........................	19	19	19
Soude..............................	12	10.3	10
Silice ....`.......................	Traces	Traces	Traces
Alumine ferrugineuse..................	Traces	Traces	Traces
Résidu desséché à + 110°.............	276	275.2	275
— calciné.......	181	178.3	177.5
Perte au rouge	95	96.9	97.5
Composition hypothétique			
Carbonate de chaux	127	127	125.5
Sulfate de chaux	98	98	98.5
— de magnésie................	19	19	19
Chlorure de sodium..................	79	79	79
Azotate de soude....................	20	20	18
Analyse bactériologique (Germes aérobies)			
Numération	360	160	180
Date de la liquéfaction............	Absence	Absence	Absence
Germes vulgaires......................	330	120	180
Champignons. Moisissures.............	»	40	»
Coli-bacille......................	»	»	»
Bacille d'Eberth-Gaffky	»	»	»

CHAPITRE IV

PIÈCE D'EAU DES SUISSES

En dehors des services dont il vient d'être question, Versailles posséderait encore une réserve intérieure qui, bien que plus que médiocre, serait cependant supérieure en qualité aux eaux des puits particuliers, presque tous fortement contaminés par les infiltrations des fosses d'aisance.

Cette réserve pourrait être appelée à jouer un rôle dans le cas où les eaux de la vallée de la Seine, des étangs et des sources Colbert viendraient à manquer. Nous voulons parler de la pièce d'eau des Suisses.

Cette pièce d'eau, si populaire, est située en face de l'aile sud du Palais, de l'autre côté et tout près de la route de Versailles à Saint-Cyr, dès qu'on a franchi la grille de la rue de l'Orangerie.

Nous verrons, d'après les résultats des analyses, que l'eau de ce bassin, qui, en temps ordinaire, doit être rejetée comme trop riche en matières organiques et trop minéralisée, pourrait cependant, dans le cas d'extrême urgence, être mise en consommation après avoir été au préalable convenablement filtrée dans un des nombreux appareils de ménage dont on a le choix.

Les sources de la pièce des Suisses, qui malheureusement sont superficielles, produisent en moyenne 120 mètres cubes par 24 heures et l'on pourrait facilement augmenter ce rendement en drainant la plaine du Mail qui renferme, à une faible profondeur, une nappe très abondante.

En 1858, lors de la construction de la machine de Marly, on fut obligé d'avoir recours à la pièce d'eau des Suisses. Deux fois par jour, les chevaux de la garnison venaient boire dans les auges placées sur les bords et de nombreux tonneaux emportaient l'eau nécessaire aux besoins des particuliers.

Cette situation dura de janvier 1858 à janvier 1859. Pendant cette période, le niveau de la pièce d'eau ne parut pas sensiblement abaissé, bien que l'année 1858 fut d'une sécheresse extrême.

Le volume d'eau fourni est donc assez important pour être pris en considération.

Analyse de l'eau de la pièce des Suisses, prélevée le 25 juin 1895

(Les résultats sont toujours exprimés en milligrammes)

Degré hydrotimétrique.....................	56°2
Matières organiques évaluée en, Acide.....	»
oxygène, absorbé en solution.../ Alcaline...	9
Oxygène dissous........	3.2
Chlore..........	76
Acide carbonique..................	40
Acide sulfurique...	385
Nitrites.....	fortes traces.
Nitrates (En acide nitrique)................	7
Ammoniaque. — Sels ammoniacaux..	1 1
Chaux.....	123
Magnésie.................................	120
Soude....................................	110
Alumine ferrugineuse.....................	fortes traces
Silice....................................	27
Résidu desséché à + 110°.............	882
Résidu calciné.......................	679
Matière volatile au rouge......	203

Examen bactériologique

Au 15° jour, nous constations la présence de 280 colonies par centimètre cube, parmi lesquelles 80 champignons ou moisissures et 200 germes vulgaires ; pas de microbes putrides, pas de coli-bacille, pas de germes pathogènes, pas de liquéfaction ; la culture était envahie par les moisissures.

Plusieurs cultures entreprises quelques jours après, ont donné des résultats se rapprochant sensiblement des précédents.

Malgré sa richesse hydrotimétrique, cette eau pourrait être consommée si elle ne renfermait pas une si grande quantité de matières organiques. D'autre part, l'absence de nitrites et

de coli-bacille assigne à ces matières une origine presque exclusivement végétale ; elles seraient le résultat de la décomposition de détritus de toutes sortes accumulés depuis plus de deux
siècles au fond du bassin ?

A la suite des fortes chaleurs de 1895, le niveau de superficie
de cette pièce d'eau, qui est de 1^{m}89, descendit à la côte de
1^{m}80. C'est le 24 juillet que l'on commença à constater cette
baisse qui alla en s'accentuant jusqu'au 9 septembre, époque où
elle atteignit son maximum. Cet abaissement extraordinaire
provenait à la fois de l'évaporation de l'eau et de la diminution
du débit des sources.

La conséquence de cet état de chose fut de mettre à découvert les bords vaseux du bassin et d'activer la décomposition
des végétaux qui encadraient le pied de ses talus ; de plus,
sous l'influence de la haute température, l'eau étant arrivée à
atteindre 30°, les germes putrides, en se développant, occa-
sionnèrent la mort des poissons et finalement l'infection complète de la pièce d'eau, dont les effets se firent sentir dans
toute la ville.

Pour nous rendre un compte exact des causes réelles de
l'infection, nous nous livrâmes à de nouvelles recherches sur
de l'eau recueillie le 14 septembre, au plus fort de la période
critique.

Cette eau présentait un aspect trouble et légèrement opalin ;
elle laissait dégager une forte odeur d'hydrogène sulfuré et
paraissait onctueuse au toucher.

Elle renfermait par litre les éléments gazeux suivants :

Hydrogène sulfuré	3^{cc}30
Acide carbonique.	8 50
Oxygène.	0 00
Azote	14 30
Total	26^{cc}30

Les autres substances sur lesquelles ont porté nos recherches, ont donné les résultats suivants :

Degré hydrotimétrique.....................	53°5
Soufre à l'état de sulfure....................	5.5
Nitrites......	1.8
Ammoniaque (Sels d').....................	5.6
Oxygène emprunté au permanganate en solution alcaline...........................	196
Résidu desséché à + 110°....	2592
— calciné.....................	714
Matière volatile au rouge..................	1878

Analyse bactériologique

Le dixième jour, les plaques de gélatine étaient complètement liquéfiées ; nous avions, avant, constaté la présence de 430 colonies par centimètre cube, comprenant 180 bactérium termo, 20 bacillus fluorescens liquéfiants et 230 micrococcus aquatilis. Pas de coli-bacille. Pas de bacille d'Eberth-Gaffky.

Le 19 septembre, nous constations une diminution de l'hydrogène sulfuré gazeux, conséquence de l'infection complète de la pièce d'eau. En effet, les matières organiques d'origine animale, en se décomposant, avaient donné naissance, à la fin, à de l'hydrogène sulfuré et à de l'ammoniaque ; c'est à la combinaison de ces deux gaz qu'était due la diminution de l'hydrogène sulfuré libre. En revanche, l'eau renfermait beaucoup plus de sels ammoniacaux en dissolution.

En présence de cette situation, le conseil d'hygiène, réuni d'urgence, se prononça pour le curage immédiat de toute la pièce d'eau. Mais, d'autre part, vu l'apportunité, le maire de Versailles, prit sur lui de faire jeter dans le bassin 18.000

kilogrammes de sulfate ferreux et 21.000 kilogrammes de chaux vive. Cette mesure énergique mit fin à l'infection.

Pour nous, l'assainissement définitif de cette pièce d'eau devait consister dans le nettoyage complet de toutes les parties du bassin, puis dans le creusement de ses bords, de manière à donner au pied du talus de ses berges, une profondeur constante d'au moins 0^{m}40, de telle sorte que ces plages malsaines, recouvertes ordinairement d'une mince épaisseur d'eau disparaîtraient et seraient remplacées par la tranche d'eau conservatrice que nous proposons.

Cette opération permettrait de raviver les berges du bassin, de débarrasser ses abords des herbes aquatiques qui l'encombrent et qui, lors des fortes chaleurs, se dessèchent et meurent.

Ces herbes, en se décomposant, donnent lieu à des dépôts infectieux qui dégagent, à certaines époques, des émanations insupportables.

Vers la fin de 1897, les travaux demandés par le comité consultatif départemental d'hygiène de Seine-et-Oise, qui avait eu à peu près la même pensée que nous, étaient terminés, le bassin avait été l'objet d'un nettoyage consciencieux et les berges remises en bon état.

Analyses chimiques et bactériologiques de l'eau de la pièce des Suisses prélevée le 21 mars 1899, plus d'une année après le nettoyage du bassin, après une longue période de pluies.

Degré hydrotimétrique.....................	47°3
Matières organiques évaluées en { Acide	7.5
oxygène, absorbé en solution..{ Alcaline...	4
Oxygène dissous	8.7
Chlore................................	59.5
Acide carbonique......................	36

Acide sulfurique........ 538
Nitrites.. .... »
Nitrates (en acide nitrique)............... 5.8
Ammoniaque (Sels d')................... 0.8
    —   albuminoïde............... .. 0.5
Chaux............................ 342
Magnésie...................... 36
Potasse....................... 5
Soude................................ 58
Alumine......... 6
Oxyde de fer 0.3
Silice............... 25
Résidu desséché à + 110°.............. 984
    —   calciné.................... 830
Perte au rouge........................... 154

Composés hypothétiques

Carbonate de chaux...................... 36
Sulfate de chaux........ 782
    —   de magnésie...................... 108
Chlorure de sodium...... 98
Azotate de potasse.................... 11
Alumine................................ 6
Oxyde de fer...... .... 0.3
Silice 25

Analyse bactériologique (Germes aérobies)

Numération (par centimètre cube).......... 12000
Date de la liquéfaction .... 7ᵉ jour
Champignons-moisissures...... 4000
Bacterium termo........................ ... 1400
Bacillus fluorescens liquéfiant.............. 600
Levures......... .... »
Bacillus subtilis.. 1200
Micrococcus aquatilis 1400
Coli-bacille............................... Présence
Bacille d'Eberth Gaffky.................... Absence
Bacilles chromogènes................. 3400

ANALYSES BACTÉRIOLOGIQUES

DE L'EAU DISTRIBUÉE AUX FONTAINES PUBLIQUES DE LA VILLE DE VERSAILLES

*L'ensemencement a été fait avec 5 gouttes d'une dilution au 10ᵐᵉ ; correspondant
à une demi-goutte d'eau naturelle.*

*Pour obtenir le nombre de microbes contenus dans un centimètre cube d'eau, on multiplie par 40 les résultats
fournis par la culture, étant donné que 20 gouttes d'eau représentent un centimètre cube de ce liquide.*

PIÈCE D'EAU DES SUISSES AVANT L'INFECTION

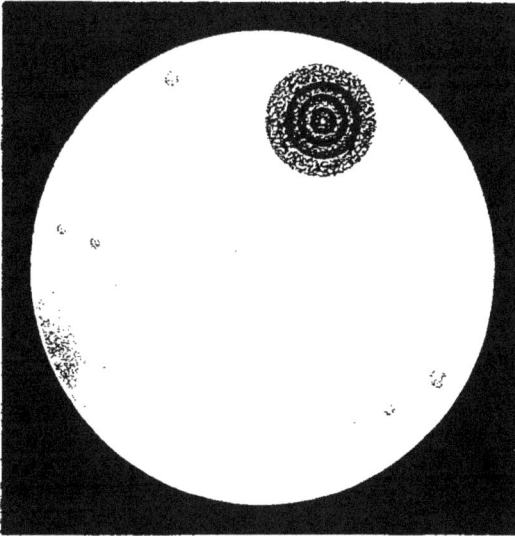

7 Colonies :

80 Champignons ou moisissures.
200 Germes vulgaires chromogènes.
$7 \times 40 = 280$ Colonies.

PIÈCE D'EAU DES SUISSES PENDANT LE PLUS FORT DE L'INFECTION

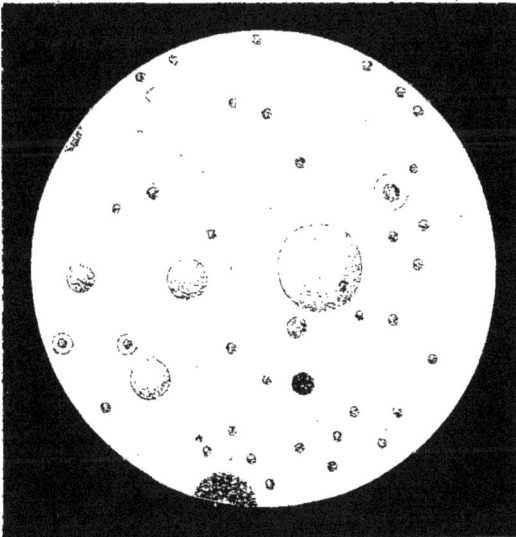

43 Colonies :

18 Bactérium termo.
2 Micrococques vert fleuressant liquéfiés.
23 Micrococus aquoatilis, pas de bacille
d'Ehbert, pas de bactérium Coli-
Commune, soit par centimètre cube
430 Colonies ; l'ensemencement
ayant été fait avec deux gouttes
d'eau.
$43 \times 10 = 430$ Colonies.

Mˡˢ Gavin, delt.   Imp. Lemercier, Paris.   A. Bénard, lith.

CONCLUSIONS

La dernière analyse fait ressortir les améliorations apportées dans la composition chimique de cette eau par le curage
du bassin. Elle reste, malgré tout, beaucoup trop riche en
matières organiques suspectes.

Au point de vue bactériologique, elle est franchement
mauvaise, puisqu'à côté de nombreux germes putrides, on
trouve le coli-bacille.

CONCLUSIONS GÉNÉRALES

En résumé, le service des eaux de la ville et de la banlieue de' Versailles comprend des eaux d'étangs, des eaux de puits et des eaux de sources.

L'eau distribuée par l'administration a une double origine, elle est constituée le plus souvent par un mélange d'eau des puits de Marly-Croissy et d'eau des étangs.

La proportion du mélange est très variable; quelques fois l'eau des étangs domine, à d'autres moments il n'y en a pour ainsi dire pas. Ce fait s'est produit plusieurs fois à la suite de sécheresses persistantes. C'est ce qui explique les différences énormes constatées dans la composition de l'eau d'une même fontaine, à différentes époques.

L'eau des sources dites de Colbert, est uniquement réservée à l'alimentation de quelques fontaines publiques. C'est la meilleure, la plus constante et la plus sûre au point de vue bactériologique. On ne peut lui reprocher qu'une minéralisation un peu exagérée.

Quant à l'eau de la Seine, elle a cessé, depuis bientôt six ans, d'être élevée par la machine de Marly. Pour le moment, on doit redoubler de surveillance, afin d'éviter des infiltrations du fleuve au niveau de la prise d'eau des pompes de la machine. Ces infiltrations, si elles venaient à se produire, souilleraient certainement le contenu des canaux citernes, ce qui serait d'autant plus fâcheux, que l'eau des puits Marly-Croissy est de bonne qualité, bien que présentant un degré hydrotimétrique un peu élevé.

Il serait urgent que l'eau des étangs supérieurs fut soumise à une filtration plus sérieuse et plus efficace, les systèmes de purifications sont nombreux ; et dans le cas contraire, qu'elle fut bannie de l'alimentation. Si, par son mélange avec l'eau des puits, l'eau des étangs contribue à abaisser dans de fortes proportions le degré hydrotimétrique, en revanche, en introduisant à certains moments une grande quantité de matière organique et un nombre considérable de microbes, dont plusieurs très redoutables, elle contribue à la souillure des réservoirs et de la canalisation de la ville, et rend très médiocre l'eau partout distribuée, soit chez l'habitant, soit dans les casernes et autres établissements civils et militaires.

L'eau des étangs de l'étage inférieur, système de Saclay, ne devrait jamais être utilisée pour l'alimentation. Son usage devrait se borner aux services de la voirie, du parc et des Trianons et les réservoirs de Gobert qui la reçoivent ne devraient servir à aucun autre usage.

En attendant cette réforme, qui s'impose, tous les établissements, toutes les agglomérations, tous les particuliers devraient faire usage de filtres domestiques.

Dans le cas de disette absolue, Versailles aurait encore une ressource supérieure à celle des puits particuliers, presque tous contaminés par des infiltrations. Nous voulons parler de la pièce d'eau des Suisses, que l'on pourrait utiliser à condition de n'employer l'eau qu'après l'avoir stérilisée par la filtration ou mieux par une ébullition de 15 minutes.

Le seul point de Versailles recevant encore de l'eau de la Seine est le plateau de Satory, où est établi le camp. Bien que cette eau vienne par conduite spéciale de Choisy-le-Roi, à 9 kilomètres en amont de Paris, cela ne l'empêche pas d'être de mauvaise qualité, surtout au point de vue bactériologique,

CHAPITRE V

*La question spéciale des eaux étant épuisée, nous allons mainte-
nant entrer dans des détails historiques susceptibles d'intéresser
nos lecteurs.*

En première ligne, nous pensons qu'il y aurait lieu d'exécuter complètement le projet de Vauban, en utilisant la
forme qui existe encore aujourd'hui des deux réservoirs de
Montboron, qui font suite à ceux actuellement en usage, ce
qui constituerait une augmentation de réserve de 115,000
mètres cubes.

Nous inclinerions également pour le rétablissement et l'u-
tilisation comme autrefois, du réservoir de la plaine de
Chèvreloup, dont la capacité est d'environ 42.000 mètres
cubes (1). L'utilisation, pour le service de la ville, des deux
réservoirs jusqu'à présent affectés au service du parc et au
jeu des eaux.

Ces réservoirs sont : l'un le château d'eau ; l'autre le
réservoir de l'Aile. Quoique d'une capacité de peu d'impor-

(1) Le réservoir de Chèvreloup faisait autrefois partie du service des eaux de
sources.

tance, 7,000 mètres cubes, ils pourraient, dans un moment de pénurie, augmenter le volume d'approvisionnement de la ville (Pl. XII).

Nous avons dit plus haut, chapitre II, qu'un réservoir d'une capacité de 140 mètres cubes avait été installé sur le plateau des Deux-Moulins ; nous avons vu fonctionner l'installation nouvelle ; elle est composée d'un appareil automatique, système Samin, mû par une chute ménagée sur le flanc d'un des réservoirs composant les filtres dits de la Butte-de-Picardie ; de ce point, l'eau est élevée dans le nouveau réservoir. Depuis, un deuxième réservoir a été établi à côté du premier. Cette nouvelle installation a eu pour conséquence, en augmentant les réserves de la ville, d'apporter une amélioration notable dans la distribution de cette région et d'aider ainsi au développement du quartier de Clagny et du plateau de Jardy, jusqu'alors complètement déshérité. L'élévation de ces réservoirs permet d'atteindre les points les plus élevés de la ville, de dominer les combles du château qui sont à la cote de 170 mètres et le plateau de l'arsenal ou de Satory qui est à celle de 179 mètres.

Ce nouvel établissement hydraulique est appelé à rendre les plus grands services, car il assure l'approvisionnement du nouveau quartier de Clagny et celui du plateau de Jardy, jusqu'alors impuissant à se procurer de l'eau.

Jonction du service des eaux de Versailles avec celui de Saint-Cloud

Cette jonction peut permettre de combler une lacune, qui consiste à relier le service des eaux de Versailles à celui de Saint-Cloud ; elle peut en outre avoir pour conséquence immédiate de faire cesser les appréhensions des populations desservies par le service de Saint-Cloud, qui n'auront plus à redouter le chômage de la machine de Marly, qui les priverait complètement d'eau.

C'est alors qu'interviendra le service des eaux de Versailles, avec le concours de ses étangs et son incomparable service extérieur.

Après avoir fait connaître la quantité, la qualité et la provenance des diverses eaux qui ont alimenté, dans le passé, et qui alimentent encore dans le présent la ville de Versailles, et avoir démontré aussi que les moyens employés pour assurer l'alimentation, laissent peu à désirer et qu'ils garantissent l'avenir, il nous a semblé intéressant de rechercher quel était l'état sanitaire de Versailles à son origine. Ces recherches ont eu pour résultat de nous faire découvrir, entre autres choses, l'extrait d'une thèse soutenue devant l'*Ecole de médecine de Paris, le 5 mars 1743, touchant les effets de l'eau sur l'économie-animale, où l'on examine en particulier si l'air de Versailles est salutaire :*

Cette thèse a eu vraisemblablement pour objet de faire ressortir la réputation de salubrité qu'avait déjà l'air de Versailles à cette époque lointaine (156 ans), aussi, est-ce d'une part à cause de son caractère historique et d'autre part, à l'intérêt que présente ce document, au point de vue du sujet, que nous avons jugé utile de le faire connaître dans ses grandes lignes.

Après avoir traité, dans deux articles assez étendus, de tout ce qui regarde l'air en général, par rapport à la santé, l'auteur de cette thèse discute, dans trois autres articles, ce qui concerne l'air de Versailles.

Puisque les effets de l'air sur le corps sont si considérables, on voit évidemment, dit notre auteur, avec combien de sagesse, les fondateurs des villes ont pourvu à la santé, à la félicité des peuples, lorsque pour les bâtir, ils ont eu égard à la bonté de l'air. Telle a été la sage prévoyance de Louis le Grand lorsqu'il a choisi Versailles pour y établir sa demeure.

Versailles est en effet recommandable par les différentes qualités qui font connaître la salubrité de l'air qu'on y respire. L'exposition de son château est plus au couchant qu'au levant. Quant à la ville prise en masse, elle est située au fond d'une vallée dont l'exposition est l'ouest.

L'assiette du château n'est point cachée par l'élévation des monticules voisins, ce qui lui donne un air pur et sans mélange d'aucunes malignes vapeurs, et quoiqu'il puisse être également exposé à tous les vents, il l'est plus particulièrement à ceux de l'ouest, sud-ouest et nord-ouest.

A l'égard de la ville qui est considérable par le nombre de ses habitants et par le grand abord des étrangers, quoiqu'elle se trouve assise au bas de la colline, elle ne jouit pas moins pour cela d'un air moins salutaire.

On ne révoquera pas en doute que les eaux contribuent beaucoup à la salubrité de l'air ; que leurs vertus sont merveilleuses pour la conservation de la santé.

Il y a à Versailles, des eaux louables, non seulement fournies par des sources qui naissent dans le lieu-même, mais encore qui sont amenées dans les fontaines publiques par des tuyaux de plomb, de fonte et par des aqueducs en pierre, par le moyen desquels la sécheresse et l'aridité du terroir sont corrigées.

La bonne santé des habitants est sans doute une preuve très assurée de la salubrité de l'air qui règne dans leur pays.

Or, à Versailles, il n'y a aucune maladie épidémique ou endémique. Les médecins n'y trouvent pas plus fréquemment qu'ailleurs à traiter des fièvres tierces, ardentes, mali gnes, etc., etc., suites ordinaires de la corruption et de la chaleur de l'air ou de la mauvaise qualité du terroir et de ses eaux. Considérez plutôt la vigueur des habitants de Versailles, les belles et vives couleurs de leur teint, la bonne constitution de leur corps, leur longue vie ; tout cela ne dénote-t-il pas une parfaite santé ?

Lorsque, pour la fondation du château et pour la fondation de la ville, tout était rempli d'artisans qui remuaient les terres de tous côtés, avant qu'on y trouvât cette abondance de vivres de toutes espèces, avant qu'on y eût conduit toutes ces eaux salutaires, qu'on eût desséché la campagne voisine et détourné les eaux marécageuses, on pouvait alors former quelques soupçons contre la salubrité du lieu et craindre pour la santé des habitants qu'on voulait y fixer, mais les sages précautions de Louis XIV ont si bien prévu à tous les inconvénients, que l'on vit aujourd'hui, à Versailles, jusqu'à la vieillesse la plus reculée.

La situation avantageuse de Versailles, la température de son climat, qui contribuent particulièrement l'une et l'autre à la salubrité de l'air, favorisent notre espérance. Cette thèse fut soutenue avec beaucoup de succès par M. François de Sales-Daniel Poullin, d'Orléans, membre de la Société royale des sciences et docteur en médecine de la faculté de Montpellier, bachelier de celle de Paris, lequel l'avait lui-même composée pour sa thèse cardinale, sous la présidence de M. Marie Pousse, docteur régent.

À ce qui précède, on doit ajouter, au point de vue de la vérité historique, que la ville de Versailles n'avait pas, à cette époque, l'étendue qu'elle a aujourd'hui ; elle ne se composait que du vieux Versailles, compris entre les rues de Satory, de l'Orangerie, de la Surintendance (aujourd'hui rue Gambetta) et de la ville neuve qui était bornée par

la rue des Réservoirs, l'étang de Clagny à la hauteur de la
rue Neuve et le château de Clagny (planche nᵒ XIII) dont
les jardins s'étendaient jusqu'à l'avenue de Saint-Cloud. Le
grand et le petit Montreuil n'en faisaient pas partie et le
quartier Saint-Louis ou Parc-aux-Cerfs, ainsi que celui des
Prés, derrière Notre-Dame, n'étaient pas encore construits.

Versailles était donc infiniment plus petit qu'il n'est actuellement, et le nombre de ses habitants, à la mort de
Louis XIV, en y comprenant toutes les personnes logées
au château ou dans ses dépendances, n'était que d'environ
vingt mille.

Aussi l'arrivée à Versailles d'eaux potables dut avoir une
heureuse influence sur la santé des habitants et de les pré-
server des maladies déterminées par les eaux des marais et
des étangs (les mares puantes, l'étang de Clagny) (1), maladies si communes avant et qui en avaient fait un lieu peu
habitable.

Deux années après l'arrivée des eaux de sources, en juillet
1684, Mᵐᵉ de Maintenon écrivait à son frère : l'air de Versailles est admirable, *on y manquait d'eau, et de là tant de
maladies;* aujourd'hui, il y en a de bonnes (lettre X, ch. VIII).

En remontant à l'époque de la création de la ville, nous
avons tenu à faire ressortir les soins apportés pour assurer
sa salubrité ; on voit par ce qui est dit ci-dessus, que le
jour où l'eau potable y a fait son apparition, l'air y est
devenu, dit-on, admirable. En effet, cette eau, par sa quantité et par sa qualité, a exercé sur la population, tant au
point de vue de l'alimentation qu'à celui de l'hygiène, une
influence salutaire.

_____

(1) Occupés aujourd'hui par la cathédrale, le potager, la pièce d'eau des Suisses et la plaine du Mail, au sud. — Au nord, depuis la rue Neuve et le boulevard
de la Reine, le boulevard du Roi et toutes les rues adjacentes jusqu'à la rue de
Maurepas, comme limite à l'ouest, et au nord la rue des Marais.

A la suite des divers systèmes hydrauliques appliqués à Versailles vers 1670, deux grands aqueducs souterrains, principalement destinés à recevoir les eaux des grandes et petites Écuries, furent établis par les ordres du Roi ; l'un du côté de la ville neuve, l'autre du côté de l'ancienne (Pl. III). Le premier, partant des Grandes-Écuries, passait sous la rue Dauphine (aujourd'hui, rue Hoche), la partie inférieure de la rue de la Paroisse et venait se terminer à l'étang de Clagny ; le second qui commençait aux Petites-Écuries, suivait la rue de Satory, la rue de l'Orangerie, recevait sur son parcours, par un grand nombre d'égouts secondaires, les eaux de la partie droite du château et des rues adjacentes et allait se terminer à une pièce d'eau qui existait à cette époque dans la plaine, au-delà de la pièce d'eau des Suisses, après l'allée du Mail. Cet aqueduc suffisait alors aux besoins de ce quartier, le plus petit des deux, mais dans le quartier neuf, déjà plus considérable et qui s'agrandissait tous les jours, l'aqueduc qui le traversait devenait insuffisant. On en construisit donc de ce côté trois nouveaux, allant rejoindre le principal : un rue de la Pompe (aujourd'hui rue Carnot), finissant à la place Dauphine (aujourd'hui place Hoche) ; un autre dans le haut de la rue de la Paroisse, venant rejoindre celui de la partie inférieure, et enfin un troisième rue Duplessis, se terminant directement à l'étang de Clagny. (Pl. III).

Nous avons dit d'autre part que la partie sur laquelle la ville de Versailles se construisait, était beaucoup plus basse que le château qui la dominait, et que du temps de Louis XIII, le sol en était couvert d'eau.

Louis XIV qui désirait voir rapidement s'élever une ville autour de son Palais, accorda de nombreux privilèges aux propriétaires des maisons de Versailles ; il leur permit entre autres, afin d'assainir et sécher le sol, de construire des pierrées rejoignant l'aqueduc principal pour l'écoulement de l'eau qui, sans ce moyen, aurait pu séjourner dans les caves et nuire aux fondations. C'est ainsi que toutes les eaux de la ville trouvèrent à s'écouler facilement par l'établissement de ces divers aqueducs et contribuèrent puissamment à son assainissement.

La ville de Versailles, quoique placée dans une espèce d'entonnoir par rapport aux différentes collines qui l'environnent, est cependant située à une hauteur assez considérable. Son élévation *(au point de rencontre des axes de l'avenue de Paris et de la rue des Réservoirs, au repère de la statue de Louis XIV)* est de 142ᵐ57 au-dessus du niveau de la mer au Havre et de 106ᵐ94 au-dessus de zéro de l'échelle du pont de la Tournelle à Paris.

Elle se trouve à l'entrée d'une vallée courant dans la direction du sud-est et du nord-ouest.

Tout le sol de cette vallée, d'après MM. G. Cuvier, Brongniart et Huot, est placé sur la couche supérieure de la formation gypseuse qui, très légère dans toute son étendue, ne s'y manifeste souvent que par des marnes vertes et par les cristaux de gypse et strontiane sulfatée qu'on y trouve, ou en est séparée dans certains points, comme ceux qui se rapprochent des collines de Satory, de Monbauron, de Picardie, de Bel-Air et du col sur lequel est bâti le château, par une couche plus ou moins épaisse de sable sans coquille.

La position topographique de la ville montre que le point sur lequel elle est bâtie a été de tout temps très exposée aux vents d'ouest ainsi qu'aux pluies fréquentes qui les accompagnent et qui, par suite de la nature du sol sablonneux dans les parties élevées, marneux aux parties inférieures, l'eau, à moins de rencontrer un écoulement facile, a dû toujours s'accumuler sur ce dernier terrain si peu perméable. De là les nombreux marécages qui rendirent ce lieu malsain sous les anciens seigneurs de Versailles.

Louis XIV fit abattre les bois qui couvraient toutes les collines et qui s'étendaient encore à cette époque jusqu'auprès de la grille d'entrée du château de Louis XIII, il dessécha les marais à l'aide d'aqueducs souterrains qui dirigeront toutes les eaux dans les vastes bassins placés à gauche et à droite de la ville. Des habitations s'élevèrent sur tous les points, et des pierrées allant rejoindre les aqueducs principaux, débarrassèrent tout le sol des eaux qui pouvaient encore y séjourner.

Versailles n'en resta pas moins exposé à l'action des vents de l'ouest et des pluies rendues encore plus fréquentes par son élévation et par sa position au milieu des collines couvertes de bois.

Cette disposition ne pouvant être changée, nous en éprouvons encore tous les jours les effets. Elle fut cependant heureusement corrigée par la situation des rues, toutes placées dans la direction des quatre points cardinaux et d'une largeur telle, que le vent, de quelque côté qu'il souffle, peut facilement y circuler.

Il résulte toutefois de ces causes réunies, un abaissement de température qu'il est facile de constater en consultant en même temps le thermomètre à Paris et à Versailles; l'écart est de 2°. Ainsi il fait plus froid à Versailles l'hiver et moins chaud qu'à Paris l'été.

Donc, par suite de la construction de la ville; assainissement du sol, jusqu'alors en partie couvert d'eau et par la disposition de ses rues, diminution des mauvais effets qu'aurait pu produire sa position topographique.

De ce qui précède, il résulte que, grâce à l'arrivée des eaux potables, aux travaux d'assainissement, à l'heureuse orientation, de ses larges voies, la ville de Versailles avait acquis dès cette époque, une réputation de salubrité qui est restée légendaire ; aussi l'administration a-t-elle fait tous ses efforts pour la con server intacte.

Il appartient à celle qui tient actuellement entre ses mains les destinées de la ville, de compléter l'œuvre de ses prédécesseurs, commencée par Louis XIV, et à ce sujet, il nous a paru intéressant de faire connaître dans ses détails l'importance de cette œuvre.

Grâce aux renseignements que nous devons à l'obligeance de Monsieur l'ingénieur voyer Imbault, il nous est possible de faire aujourd'hui l'historique des travaux exécutés jusqu'à ce jour et indiquer ce qu'il reste à faire pour compléter l'assainissement de Versailles.

Ils consistent dans la construction, à différentes époques : 1° d'aqueducs de grandes dimensions ; 2° dans l'établissement d'un système de tuyaux faisant fonction d'aqueducs secondaires, dont le diamètre varie entre 30 et 40 centimètres.

L'origine des premiers aqueducs remonte à 1670, date du déboisement des terrains sur lesquels a été créée Versailles. Leur établissement, très restreint d'ailleurs, s'est borné tout d'abord à desservir les quartiers naissants de Notre-Dame et de Saint-Louis. Leurs débouchés étaient, pour le quartier Notre-Dame, l'étang de Clagny, sur deux points A et B du plan, et pour le quartier Saint-Louis, la mare ou étang du Mail, au point C (Pl. III).

L'ensemble de leur développement est de 4.950 mètres. Vers la fin de l'achèvement du château, de 1679 à 1680 (1) et pour continuer l'assainissement de la ville, le prolongement de ces deux aqueducs fut décidé. Ils prirent alors le nom d'aqueduc Nontre-Dame et d'aqueduc Saint-Louis. Leurs branches, suivant les versants nord et sud de la ville, se réunirent en un point situé derrière la ferme de Galby, séparée aujourd'hui de cette

(1) Compte des bâtiments, par Colbert.

PLAN GENERAL DES VILLE et CHATEAU DE VERSAILLES

MDCXCV

dernière par le chemin de fer de grande ceinture et connu sous le nom de carré de réunion D. Le développement de ces deux branches est de 6.500 mètres, lesquels, ajoutés au chiffre ci-dessus 4.950 mètres, donnent un total de 11.450 mètres. De l'installation de ces premiers systèmes, date d'origine de l'assainissement de Versailles.

Avec le développement de la ville, grandirent les besoins de l'hygiène, mais ce ne fut en réalité que lorsque Louis XVI, en 1787, éleva Versailles au rang de ville communale et qu'elle pût s'administrer elle-même, que date sa vie municipale et la création d'un véritable service de salubrité. Jusqu'alors Versailles était une dépendance du service royal, administrée par des gouverneurs nommés par le roi, sans aucune participation de ses habitants.

A ce sujet, il nous a paru intéressant de faire un retour sur le passé, afin de faire ressortir la différence qui existe entre deux époques très éloignées l'une de l'autre : 1670 et 1896.

En effet, si nous nous reportons à l'année 1670, quarante-six ans après la fondation du château, nous voyons l'agglomération des habitants autour du nouveau palais, devenue si importante qu'elle donne lieu à l'établissement du premier plan de la ville. Grâce à ce document, il fut dès lors possible de calculer la surface bâtie et d'étudier avec fruit les améliorations susceptibles d'être apportées à son assainissement.

La surface bâtie était alors de 330.000 toises (environ 125 hectares) ; aujourd'hui, elle est plus que quadruplée. Ainsi, pour la période qui nous sépare de l'année 1670, c'est-à-dire 229 années, on peut juger par l'exposé qui suit, des agrandissements successifs de la ville parce qu'elle couvre actuellement 580 hectares, c'est-à-dire plus de quatre fois ce qu'elle occupait en 1670.

Ces chiffres, mieux qu'aucune description, donnent la mesure de l'importance des travaux de toutes sortes qui ont été exécutés et qui ont rendu Versailles une ville incomparable.

Que dire de son état sanitaire quand déjà, à l'époque lointaine dont nous venons de parler, elle était renommée par
sa salubrité. Du reste, si l'on examine l'ensemble de son
plan général, on est frappé de l'extrême régularité de ses
voies publiques, de l'orientation heureuse de ses rues, si
favorable à une large aération. La grande largeur des avenues, les nombreuses plantations de l'intérieur de la ville,
dont le chiffre s'élève à 6.800 pieds d'arbres. sans comp
ter les parcs constituant un massif boisé qui n'est pas inférieur à 25 hectares ; suffisent largement à démontrer que
Versailles est une des cités les plus salubres. Aussi, grâce
à ce milieu, a-t-elle toujours échappé aux épidémies dont
la capitale et les villes environnantes ont été frappées.

Pour améliorer les conditions hygiéniques de Versailles,
l'administration actuelle, rivalisant d'efforts avec celles qui
l'ont précédée, a contribué, dans une large proportion, à com
pléter presque entièrement l'œuvre de Louis XIV, c'est
ainsi que grâce au développement qu'elle leur a donné, la
ville possède aujourd'hui un réseau d'aqueducs d'une longueur de 20.139 mètres.

Un service secondaire de tuyaux en grès d'un diamètre
de 30 à 40 centimètres et d'une longueur de 18.425 mètres,
auxquels il y a lieu d'ajouter les aqueducs dont l'origine
remonte à Louis XIV, soit 11.450 mètres, représente un
développement de 50.064 mètres, de moyens d'assainissement.

De son chef, l'administration actuelle a fait exécuter et
poser une longueur d'aqueducs et de tuyaux qui n'est pas
moindre de 18.425 mètres.

Mais à ses travaux ne se bornèrent pas ses efforts : aux
aqueducs construits, il fallut faciliter la réception des eaux
vannes et pluviales ; c'est alors qu'on créa 546 bouches d'égouts ou émissaires, 97 bouches de lavage et d'arrosage, et
35 urinoirs modernisés.

De plus, afin de faire disparaître l'écoulement superficiel des eaux vannes, véritable foyer d'infection, à presque toutes les maisons on installa un siphon conduisant directement les eaux ménagères dans les aqueducs et tuyaux desservant chaque quartier.

Nous ajouterons que pour compléter l'assainissement de la ville, il ne reste plus qu'à canaliser.

En aqueducs............................ 3.409 50

En tuyaux............................... 7.139 90

Soit un total de............... 10.549 48

Pour terminer, il nous a paru intéressant d'ajouter à cette description une statistique qui confirme ce que nous avons dit sur l'état sanitaire de la ville.

Versailles est certainement l'une des grandes ville de France, le plus largement dotées en voies publiques. Il y a même luxe de ce côté, pour ses finances, car sa population et ses revenus ne sont pas en rapport avec une aussi vaste étendue.

Cette statistique a pour objet de faire ressortir l'importance de ses voies publiques qui ont un développement de plus de 60 kilomètres, de montrer que la surface de ces mêmes voies représente un milion deux cent trente mètres, et que ses places, carrefours, squares et contre allées mesurent 396.964 mètres, environ 40 hectares.

Les voies les plus spacieuses sont les trois grandes avenues qui convergent vers le Palais.

L'avenue de Paris qui mesure en largeur 95m50. L'avenue de Saint-Cloud, 78 mètres et l'avenue de Seaux, 68m25.

La distance qui sépare les rues Satory et Hoche, c'est-à-dire la traversée de la Place d'Armes, y compris la façade des *Grandes et Petites Écuries*, est de 439 mètres.

Quand on possède d'aussi nombreux moyens d'assainissement, dont l'installation toute moderne ne laisse rien à
désirer ; qu'on a à sa disposition un volume d'eau considérable susceptible de devenir facilement de bonne qualité,
on peut, à juste titre, passer pour une ville offrant les plus
grandes garanties d'hygiène et de salubrité.

Nous allons maintenant entrer dans quelques détails historiques relatifs aux travaux hydrauliques exécutés en vue
des parcs du château et de la ville.

En 1630, Louis XIII achetait de Jean François de Gondy,
archevêque de Paris, la seignerie de Versailles : il augmenta
ce domaine des propriétés qui l'entouraient.

Grand amateur de chasse et trouvant dans ce lieu tout ce
qu'il fallait pour satisfaire sa passion, il y vint fréquemment et fit construire le petit château dont nous voyons encore les restes dans la partie des bâtiments actuels qui forme la cour de marbre. Dès cette époque, on orna les jardins de quelques bassins qu'alimentaient les étangs voisins.

Au moment où Louis XIII l'acheta, Versailles était un
petit village perdu au milieu des bois. Le monticule sur
lequel le roi fit construire son château, était situé à l'entrée
d'une vallée, dirigée vers l'ouest, portant alors le nom de
Val de Gallie. Pour embellir sa nouvelle demeure ; il fit
couper une partie des bois qui masquaient le château dans
la direction actuelle de l'avenue de Paris, et il établit les
jardins du côté opposé. Deux étangs formés par les sources des environs, existaient de chaque côté du monticule
où était construit le château : l'un au sud, à l'endroit où se
trouve aujourd'hui le potager ; l'autre au nord, beaucoup
plus considérable, portant le nom d'Etang de Clagny, du
village auprès duquel il était situé. Les eaux de ces étangs
venaient s'écouler au-dessous du jardin du château, pour
former le ruisseau nommé Ru de Gallie. Ce fut surtout l'é

tang de Clagny qui fournit les eaux pour le jardin. Ce jardin, sous Louis XIII, était peu considérable : quelques petits parterres au nord, une petite orangerie au midi, une allée centrale allant à la moitié du Tapis Vert actuel, et un bosquet de chaque côté le formaient en entier.

Tel était Versailles lorsque Louis XIV commença les premiers embellissements.

Pour bien comprendre et apprécier les immenses travaux qu'il fit exécuter dans ce lieu, il est nécessaire de les suivre d'années en années ; car il ne faut pas croire que le Château et le Parc, tels que nous les voyons aujourd'hui, soient le résultat d'un plan arrêté d'avance ; au contraire, tout s'y est créé peu à peu, par morceaux, suivant les caprices du maître et il a fallu toute la science des habiles architectes qui furent chargés de satisfaire ses volontés pour parvenir à leur donner cette symétrie, un peu froide peut-être, mais qui porte avec elle un cachet de grandeur et de majesté qui était si bien en rapport avec le goût du grand Roi.

On a dit souvent, que Louis XIV, effrayé des dépenses de Versailles, s'était fait apporter les papiers constatant ces dépenses, et qu'il les avait jetés au feu. C'est là un de ces contes populaires que se transmettent les générations et sont acceptés par le plus grand nombre comme choses positives, quand il serait si facile de démontrer le contraire.

En effet, lorsque Colbert, cet homme d'ordre par excellence, fut appelé à la surintendance des bâtiments, aucune des dépenses de ce département, quelque minimes qu'elles fussent, ne pouvaient avoir lieu sans passer par son contrôle ; toutes furent inscrites sur des registres tenus avec grand soin, et annotés de sa main. Continués par Louvois et ses successeurs, jusque sous le règne de Louis XV, ces régistres, commencés en 1664, existent encore et sont placés aux archives nationales ; ils contiennent jour par jour les dépenses non seulement de Versailles, mais de tous les châteaux royaux et de tout ce qui dépendait de la surintendance des bâtiments du Roi.

C'est là, dans ces registres (1), que nous avons pu suivre pas à pas la succession des embellissements de Versailles et indiquer d'une manière positive les sommes qui furent consacrées à ces immenses et curieux travaux hydrauliques, exécutés pour amener en abondance l'eau dans un lieu qui en était totalement dépourvu.

C'est en 1660 que Louis XIV commença à prendre Versailles en affection, et s'occupa de l'agrandissement du Parc. Le jardin de Louis XIII s'arrêtait à la moitié de l'Allée Royale ou Tapis Vert. Le Roi l'augmenta du double, fit creuser aux deux extrémités, les bassins qui devinrent plus tard ceux d'Appollon et de Latone, commença l'établissement des bosquets et la construction de la grotte de Thétis. (page 113).

Ainsi, dès avant 1664, époque à laquelle nous faisons remonter cette étude, de nombreux embellissements avaient eu lieu dans le petit château de Louis XIII et surtout dans les jardins. Mais il y manquait l'eau, et Louis XIV en voulait à tout prix.

L'hydraulique était alors fort peu avancée ; mais le désir de contenter le Roi, fit faire à cette époque, de grands progrès à cette science. De toutes les splendeurs de Versailles, ce qui, en dehors de son Palais, lui donnait une réputation européenne, attirait la foule et faisait l'admiration des étrangers, c'était ces eaux. Et, chose remarquable, lorsque l'on parlait de ces merveilles, les noms des Mansart, des Lenôtre, des Lebrun étaient dans toutes les bou

---

(1) Dont nous possédons les extraits, publiés par M. Guytlerey archiviste aux Archives Nationales.

Vue de la Grotte de Thétis

ches, et l'on ignorait celui des deux hommes à qui l'on devait ces superbes effets d'eau, François et Pierre de Francine (1).

De 1662 à 1668. — Sur l'ordre de Louis XIV, Pierre Francine fut chargé de la construction de la grotte de Thétis qui, avec ses surprenants effets d'eau, était alors considérée comme la merveille du Parc de Versailles. L'étang de Clagny, qui occupait une grande partie du quartier Notre-Dame actuel, servit d'abord seul à fournir les eaux du Parc.

Pierre Francine établit un système de pompes, mues par des manèges, qui puisaient l'eau dans l'étang pour la porter dans les jardins. En 1664, les pompes étaient en construction ; la plus grande, ou tour d'eau (2) était chargée de fournir l'eau qui devait arriver dans le réservoir le plus élevé placé sur la grotte.

1664. — Tout près des jardins de Versailles, et dépendant de ce domaine, se trouvait une espèce de ferme, où Louis XIII avait renfermé des animaux de basse-cour, et d'autres gros animaux pour la chasse. Ce lieu portait le nom de « Ménagerie. » Louis XIV, pour augmenter les charmes de son Versailles, voulut non seulement conserver la ménagerie de son père, mais encore y placer tous les animaux rares qu'il se proposait d'y faire venir des différentes parties du monde. On y construisit alors un charmant pavillon octogone, véritable petit Palais.

1665. — Le Roi fit l'acquisition du domaine de Clagny, et de quelques autres terres. Les sommes dépensées de ce fait s'élevèrent, cette année, à 757,848 livres.

1.524,747 livres ayant déjà été employées par le Roi, pen

(1) Le père de ces deux habiles ingénieurs, naquit à Florence le 5 mai 1571 et en février 1600, il reçut des lettres de naturalisation. Contrairement à ce qui a été dit, le père des Francine ne fut pas amené en France par Catherine de Médicis, dont le mariage avec Henri IV avait eu lieu en 1600.

(2) Où est actuellement l'hôtel des réservoirs, ancien hôtel Pompadour, dont le propriétaire est M. Grossœuvre.

dant les deux années 1664 et 1665. L'économe Colbert voyait avec effroi de pareilles dépenses. Il en prévoyait encore l'augmentation chez un jeune prince dont les désirs étaient des lois, et qui ne se rendait pas compte de l'état de ses finances.

. Il crut donc devoir essayer de le détourner de son caprice, en faisant appel à son orgueil, et en lui montrant combien il vaudrait mieux, pour sa gloire, terminer le Louvre, plutôt que de s'hypnotiser sur Versailles.

Les conseils de Colbert parurent avoir d'abord une certaine influence sur l'esprit du Roi. Aussi, à l'exception de la Grotte de Thétis, dont on s'occupa activement en 1666, de quelques bassins que l'on creusa dans les jardins, et de la pose des conduites de distribution des eaux, les travaux de Versailles furent beaucoup moins considérables, et l'on n'y consacra, cette année, en y comprenant les embellissements du château et les plantations du Parc, que 291,458 livres 10 sous 2 deniers.

En 1667, les dépenses générales furent encore moins fortes, puisqu'elles ne s'élevèrent qu'à la somme de 196,656 livres 18 sous 8 deniers.

Louis XIV ne cessait cependant de venir à Versailles, il y restait souvent plusieurs jours, y donnait des fêtes, mais il commençait à se trouver à l'étroit dans le petit château de Louis XIII, dont les appartements s'étaient embellis, mais qui n'avait encore reçu aucune augmentation. On commença en 1669, sous la direction de Levau, architecte du Roi, la construction des deux ailes qui partent de la cour de Marbre et s'avancent dans la cour du Château. On travaillait aussi à achever cette belle descente de la terrasse du château au Tapis Vert, chef d'œuvre de Lenôtre, que, l'on ne peut cesser d'admirer, soit qu'on domine du haut de la Terrasse cet ensemble grandiose et à perte de vue, soit que se plaçant à l'autre extrémité, on ait pour perspective les belles lignes du château.

Lenôtre ne fût pas le seul architecte qui eût été appelé par

le Roi à donner des plans pour orner les jardins. Le célèbre
auteur de la colonade du Louvre, Perrault, donna plusieurs
plans d'embellissements pour Versailles. C'est à lui que l'on doit
l'une des plus belles et des plus gracieuses conceptions du Parc
de Versailles, le Parterre du Nord, d'un si charmant effet avec
ses bassins des couronnes, sa Pyramide (1), sa nappe d'eau, et
ses groupes d'enfants (2) qui forment une allée d'eau si bien
terminée par le beau jet du Dragon (3). On commença alors, 1669,
l'exécution du plan de Perrault, et Girardon, Lehongre, Tuby,
Legros et Lérambert furent les artistes chargés d'exécuter les
dessins du maître.

Louis XIV, on le sait, était fort gros mangeur, mais il aimait
peu le vin. Ce qu'il aimait surtout comme boisson, c'était l'eau
de source et souvent à la glace. Le Roi venait fréquemment
à Versailles, et y restait quelquefois des semaines entières, il
fallait lui donner l'eau qu'il aimait et que l'on était obligé d'apporter de Saint-Germain ou de Paris. On s'occupa donc de cher-
cher des sources dans les environs.

Louis XIV ne vint définitivement se fixer à Versailles qu'en
1682. Mais l'année 1670 paraît être celle, où malgré les avis de
Colbert, il résolut de faire de ce lieu un séjour enchanteur.
Le plan de la nouvelle ville qu'il voulait voir s'élever autour de
son château fut dressé cette année même, 1670 ; des terrains
furent donnés aux seigneurs de la Cour pour y élever des hôtels,
et il fit paraître une ordonnance par laquelle *il déclare faire don,
en pleine propriété, à tous ceux qui ont bâti ou feront bâtir à Ver
sailles, des places où leurs maisons sont ou seront situées.*

Nous avons dit que le Roi avait acheté plusieurs domaines
autour de Versailles. Parmi ceux ci se trouvait un petit village

(1) Nom populaire : Le Pot Bouillant.
(2) Nom populaire : Les Marmousets.
(3) On nommait ainsi ce bassin parce qu'alors le grand jet sortait de la bouche
d'un Dragon entouré d'Amours lui lançant des flèches et montés sur des cygnes
jetant de l'eau.

du nom de Trianon, situé à une certaine distance et en face de la Ménagerie. Il fit abattre ce village, à la place on construisit un Petit Pavillon, entouré d'un délicieux jardin; ses ornements en faïence de couleur, le firent nommer Trianon de porcelaine, ou Pavillon des Fleurs. 592.000 livres furent dépensées pour sa construction. On conçoit qu'un semblable jardin rempli de fleurs avait besoin de nombreux arrosages, et Trianon était aussi dépourvu d'eau que Versailles.

Ce fut encore l'étang de Clagny qui servit à alimenter le réservoir que l'on creusa à Trianon, pour le service du jardin. Mais pour obtenir ce résultat, on employa un moyen original, qui fut ensuite appliqué aux eaux des environs, que l'on fit venir plus tard à Versailles. On n'avait alors ni les belles machines, ni les puissants moteurs que l'on voit fonctionner aujourd'hui ; de simples pompes, mises en mouvement par un manège, étaient seules employées. Pour Trianon, on substitua aux manèges, des moulins à vent. Ainsi, l'eau de l'étang de Clagny allait servir seule à l'alimentation des parcs de Versailles et de Trianon.

Quelque grand que fut cet étang, il eût bientôt été mis à sec par la masse d'eau que consommaient ces deux jardins, s'il ne se fut trouvé un moyen de la lui restituer. Cette eau se perdait dans le rue de Gallie. On établit alors près du lieu où elle se perdait, une pompe et un moulin à vent, qui, la prenant dans cet endroit, la ramenait dans l'étang, de sorte qu'après avoir servi à ces deux jardins, elle était ainsi ramenée à son point de départ. Ces nouveaux travaux ne ralentissaient en rien les anciens. On travaillait toujours au canal. En 1671, ce canal, qui venait d'être creusé, et sur lequel Louis XIV avait mis sa petite flotte, était alors une longue pièce d'eau, sans les deux bras que nous y voyons aujourd'hui. Cette pièce d'eau, sur laquelle on pouvait faire de charmantes promenades, termi naît sans doute admirablement la belle conception de Lenôtre ; mais elle eût été plus agréable encore si elle se fut continuée d'un côté à Trianon, et de l'autre à la Ménagerie, ces deux jolies annexes de Versailles ! C'est ce que pensa Louis XIV, et aussitôt l'ordre fut donné de creuser un second canal s'étendant de l'un à l'autre de ces petits Palais.

Pendant ce temps, les embellissements des jardins de Versailles ne discontinuaient pas. On creusait partout des bassins, mais ce qui manquait toujours, et ce que Louis voulait absolument avoir c'était l'eau ; 147.727 livres avaient bien été employées à faire des réservoirs pour alimenter tous ces bassins, mais il n'y avait que l'étang de Clagny pour fournir à toute cette consommation, et il était facile de prévoir que cette ressource serait bientôt épuisée. On cherchait donc autour de Versailles quelque cours d'eau susceptible d'y être dirigé, afin de satisfaire les désirs du Roi.

À peu de distance, se trouvaient les sources de la Bièvre. On pensa que les eaux de cette petite rivière, amenées à Versailles, pourraient suffire à tous les besoins ; on construisit une digue dans la vallée, au pied de la butte de la Minière, de manière à retenir les eaux et à former un étang (1). Des puisards, creusés dans la montagne, et communiquant avec l'étang, permirent d'y placer des tuyaux d'aspiration, et sur la montagne, on établit cinq pompes, mises en mouvement, comme à Clagny, par des moulins à vent. Ces pompes déversaient l'eau dans des bassins correspondant à un grand réservoir placé au sommet de la butte de Satory, sur le versant faisant face à la pièce d'eau des Suisses, et de là cette eau était dirigée par une conduite en fonte dans les réservoirs du château.

Tous les travaux commencés se continuèrent activement

(1) Connu sous le nom d'Étang-du-Val.

pendant l'année 1672. — On croyait que l'eau de la Bièvre, réunie à celle de Clagny, suffirait à tous les besoins, et les réservoirs s'achevaient, et de nouveaux bassins se creusaient dans les jardins.

Cette année, Versailles commença à prendre un aspect tout nouveau. De nombreuses dépendances s'élevaient autour du château. On construisit les pavillons des Ministres, la Surintendance, la Chancellerie. Dans le parc on venait d'achever le Parterre du Nord et la charmante allée d'eau (1) ; à l'ouest, la belle descente du Parterre, le Tapis-Vert, et les deux bassins de Latone et d'Apollon ; à l'extrémité, le canal avec ses deux bras, reliant ainsi aux jardins de Versailles, Trianon et la Ménagerie.

1673. — Le Roi ne s'arrêtait plus dans son désir d'orner Versailles. On commençait, sur les dessins de Lebrun, les bassins des quatre saisons, Flore, Cérès, Bacchus et Saturne, la Salle des Festins, qui devint plus tard la Gerbe ou les Cent Tuyaux, et enfin un bosquet, les délices de Louis XIV, le Labyrinthe. Rien de plus original que ce bosquet, où l'on voyait à l'entrée la statue d'Esope, et à chaque angle des allées du labyrinthe, la représentation d'une de ses fables.

Le Roi, occupé à la conquête de la Franche-Comté, vint peu à Versailles dans les premiers mois de 1674 ; mais les travaux commencés n'en continuèrent pas moins activement.

A son retour de la conquête, Louis XIV accourut à Versailles, et y passa deux mois. Il y eut alors de nombreuses fêtes. Il faut en lire le détail dans le *Félibien*, si l'on veut

---

(1) Pour recevoir la décharge des eaux des bassins du nord, on creusa deux réservoirs placés sur la route de Trianon. Ces deux réservoirs, construits par l'entrepreneur de maçonnerie Jean-Bette, ont conservé son nom, que dans ce derniers temps on a écrit Jambettes, faute d'en connaître l'origine.

avoir une idée de leur splendeur. Mais ce qu'il voulait surtout montrer à la brillante cour qui l'entourait, c'était ce
que l'on nommait les surprises de Versailles, c'est-à-dire les
bosquets, les effets d'eau qu'il aimait tant, pour lesquels on
faisait de si grands travaux et qui allaient coûter encore
des sommes si considérables.

On acheva cette année la pose des pompes de Clagny, de
la Bièvre, et celle des conduites. 830,939 livres 10 sous
5 deniers furent consacrés aux travaux.

Le Roi avait de plus en plus la volonté de rendre Versailles un lieu unique par la beauté et la diversité de ses
bosquets et de ses effets d'eau. Deux nouveaux bassins furent
encore creusés en 1675. Le bassin de l'Encelade (1), qui
existe encore aujourd'hui, et celui de l'Ile royale (2), au
milieu duquel se trouvait une île flottante, c'est aujourd'hui
le charmant jardin du Roi.

Pendant les années 1675 et 1676, on travailla beaucoup
à augmenter la puissance et le nombre des pompes de l'étang
de Clagny et de la Bièvre, afin d'alimenter tous ces bassins.
Dans cette dernière année, Louis XIV fit encore construire,
sur les dessins de Lebrun, un nouveau bassin, appelé la
Renommée, du nom de la principale figure qui était une
renommée proclamant à toute la terre la gloire du Roi ; on le
nomma aussi Bosquet des dômes, parce qu'il renfermait deux
jolis pavillons surmontés de Dômes, qui ont été détruits
dans ces derniers temps (3). Sur les 3,999,551 livres dépensées
à Versailles dans ces deux années, pour le château et le jardin,
234,388 livres furent consacrées au travail des eaux.

Auprès de Versailles, on construisait Clagny, ce caprice

---

(1) Nom populaire : Samson.
(2) Ou l'Ile d'amour.
(3) Ce bosquet vient d'être restauré, mais, en égard à la dépense qu'elle en
occasionne, les pavillons n'ont pas été réédifiés.

de Mme de Montespan, qui coûta à Louis XIV 2,161,588 livres.
Le Nôtre en dessinait les jardins, et voulait aussi des bassins et de l'eau. Pour lui donner satisfaction, et ne pas
diminuer la quantité destinée à Versailles, on acheta 30,000
livres la terre de Glatigny, située entre Clagny et les bois
des Hubies. On y creusa alors un grand réservoir qui reçut
l'eau des sources environnantes et celles du plateau supérieur,
et l'on put ainsi, sans nuire à Versailles, satisfaire aux
désirs de Le Nôtre et de Mme de Montespan.

1677. — On travaillait toujours avec activité aux pompes
de Clagny et de Satory, aux réservoirs, à tous les moyens
susceptibles de fournir de l'eau en abondance, car le Roi ne
s'arrêtait pas dans son goût pour les bosquets, et l'on venait
d'en commencer un nouveau sur les dessins de Lebrun, l'Arc
de Triomphe. Ce bosquet monumental, élevé en l'honneur
des victoires du Roi, dont il ne restait que quelques vestiges,
il y a quelques années ; et qu'on a tenté de restaurer depuis.

1678. — Le Roi venait de décider qu'il habiterait Versailles. Il avait nommé Mansart son premier architecte, et
de grands plans se préparaient. Les travaux hydrauliques de
l'abbé Picart sur les plateaux qui dominaient Versailles au
sud, donnèrent l'idée d'appliquer le même système aux plateaux du Nord. On pensa à réunir les eaux de sources de
ces plateaux sur deux points culminants, afin de les faire
arriver, de réservoirs en réservoirs, jusqu'au château. Les
Gressets, petit endroit près de Louveciennes, et Jardy ou le
Clos-Toutin, furent choisis comme les points les plus élevés,
et l'on y creusa deux réservoirs où l'on réunit toutes les eaux
des environs. On voit que, pour satisfaire son maître, Colbert
ne regardait plus à la dépense.

C'était pour obtenir ces magnifiques effets d'eau qui ont
rendu si célèbres les jardins de Versailles, que l'on accom-
plissait tous ces travaux. Mais on ne négligeait pas non

plus la question des eaux potables, car il n'entrait alors
dans l'esprit de personne de faire servir à cet usage celles
qu'on accumulait dans les réservoirs du château. Déjà, l'on
avait découvert un grand nombre de sources dans les environs
de Versailles ; Saint-Cyr, Maltourte, Le Chesnay, Les Crapeaux,
Saint-Pierre, Saint-Antoine, Trianon, Bailly, Ville-d'Avray,
les Fonds Maréchaux, pouvaient fournir des eaux à peu près
convenables, mais aucune de ces sources n'arrivait jusqu'au
château. Un homme fort expert dans ces sortes de recherches,
et dont le nom est resté jusqu'à ce jour aussi ignoré que
celui de Francine, Le Jougleur (1) signala au Roi plusieurs
sources abondantes situées au bord de la forêt de Marly,
près Roquencourt. A cette bonne nouvelle, Colbert chargea
sur-le-champ l'abbé Picart de faire les nivellements. Picart
ayant trouvé en effet que cette eau pouvait arriver à la hauteur du rez-de-chaussée du château, on commença aussitôt
les travaux qui furent considérables. On fut obligé de percer
la butte de Rocquencourt à plus de 28 mètres de profondeur,
de faire un aqueduc de 3,400 mètres de long, dont la construction a duré plusieurs années, qui a coûté 578,741 livres,
et que Bélidor compare à celui d'Arcueil.

L'année 1679 vit se développer les plans grandioses de
Mansart. Du côté de la ville, l'achèvement des cours du
château, la construction de la Grande et de la Petite Écurie,
ainsi que le Grand-Commun. Ces immenses dépendances,
véritables palais, vinrent préparer dignement les yeux à la
surprise que fait éprouver la vue du château du côté du parc,
dont l'aspect grave et monumental donne si bien l'idée de
la grandeur du souverain de l'époque.

---

(1) On a donné son nom, au regard ou chambre renfermant une cuvette per-
mettant de jauger le volume d'eau dirigé sur Versailles, par l'aqueduc amenant
les eaux aux filtres de Picardie.

Bientôt allait apparaître l'Orangerie, si simple dans sa magnificence, avec ses arcades, ses colonnes, ses allées, ses bassins et pour terminer le tableau, cette immense pièce d'eau des Suisses et les bois qui l'enserrent si délicieusement dans leur cadre de verdure.

On commença cette année à creuser la pièce d'eau en face de l'Orangerie et l'on en portait les terres dans l'étang voisin pour former le potager. Les grands travaux de terrassement de Versailles se firent presque tous à l'aide de soldats. On employa aux travaux de cette pièce, le régiment suisse de Surbeck, qui y travailla plusieurs années ; de là, le nom de pièce d'eau des Suisses, qu'elle à conservé depuis (1).

Versailles et ses environs étaient en ce moment envahis par une armée d'ouvriers. Les réservoirs des Gressets et du Clos Toutin étaient presque terminés, un autre au Bel-Air était creusé pour recevoir leurs eaux et les verser dans celui du Chesnay, et de là arriver enfin à celui de Chèvreloup ou de Trianon pour le service de ce petit château. Au sud, les étangs de Trappes et de Bois-d'Arcy se continuaient.

Pendant ce temps, la Ménagerie, comme Trianon, s'était agrandie. Il fallait aussi s'y préoccuper de la question de l'eau. De nombreuses sources trouvées près de Saint-Cyr, furent dirigées et recueillies dans un bassin creusé (2) sur l'emplacement de l'ancien village de Choisy-aux-Bœufs, acheté par le Roi pour l'agrandissement du parc, puis démoli par ses ordres, et servirent aux besoins de la Ménagerie.

Ainsi partout on travaillait ; au Palais, aux réservoirs, aux

_____

(1) Il existe une légende populaire qui fait apparaître cette pièce en une nuit. On dit que Louis XIV, regardant un jour de ses fenêtres le lieu où se trouve cette pièce, alors une prairie, manifesta le regret de n'y pas voir de l'eau, et que le lendemain il fut émerveillé de voir son désir réalisé, un régiment suisse l'ayant creusée pendant la nuit. Si absurde que soit un pareil conte, surtout en voyant l'étendue de la pièce d'eau, dont la surface n'est pas moindre de 13 hectares. Il est encore raconté tous les jours et accepté par beaucoup de gens.

(2) Connu aujourd'hui sous le nom de Bassin-de-Choisy (route de St-Cyr).

jardins. Un grand plaisir du Roi était de parcourir tous ces ateliers. Cette année, après les grands travaux faits pour le percement de la montagne de Satory, l'eau arrivait enfin dans le réservoir de la Grotte. Le jour de cette arrivée, le Roi, accompagné de l'abbé Picart, de Rœmer et de Francine, monta sur le réservoir et ne put retenir des exclamations de satisfaction quand, après quelques instants d'attente, il vit arriver en abondance les eaux de Trappes et de Bois d'Arcy.

1680. — L'eau commençait donc à arriver en abondance à Versailles, mais pas encore assez au gré de Louis XIV ; il voulait que les bassins du parc pussent jouer tous les jours, et il lui fallait pour cela une masse d'eau qui n'avait pu encore être fournie par les travaux hydrauliques exécutés jusqu'alors.

Versailles et ses grands travaux étaient le point de mire non seulement de la France, mais de l'Europe. Les projets arrivaient de toutes parts au surintendant, lorsqu'il vint à apprendre, par un jeune officier belge au service de la France, le comte Marchin, devenu plus tard maréchal de France, qu'à Modave, près de Liège, dans les domaines de son père, on venait de construire une machine hydraulique élevant l'eau à de très grandes hauteurs, et qui, appliquée à la Seine, pourrait en fournir abondamment à Versailles. Colbert écrivit aussitôt, au nom du Roi, à l'ingénieur déjà célèbre.

Arnold Deville, fils d'un bourgmestre, qui avait fait exécuter par l'un des plus habiles constructeurs du pays, Rennequin Sualem, un système de pompes déjà employé dans les mines de Hongrie, pour porter l'eau à de grandes distances.

Deville se rendit aussitôt à l'invitation de Colbert. Il arriva accompagné de Rennequin Sualem ; il développa ses idées au ministre et commença immédiatement le travail d'études,

La construction d'une machine assez puissante pour amener l'eau de la Seine à Versailles, demandait une chute capable de faire mouvoir les grandes et nombreuses roues destinées à lui donner l'impulsion. Deville suivit la Seine dans tous ses contours, la sonda lui-même dans tous ses points, et trouva enfin cette chute entre le village de Chatou et la chaussée de Bougival.

Emerveillé de ce projet gigantesque, le Roi aurait voulu que ce puissant moteur qui, d'après son auteur, allait élever des flots d'eau, pût en fournir non seulement à Versailles, objet principal de la construction, mais encore à Marly, dont il jetait les fondations et même à Saint Germain. C'est à cette cause qu'il faut attribuer la construction de la tour et de l'aqueduc, points culminants nécessaires pour que l'eau pût convenablement s'écouler dans les endroits indiqués par le Roi. C'était donc une difficulté de plus à vaincre, puisqu'il s'agissait de faire monter l'eau sur une plate-forme élevée à 154 mètres au-dessus des eaux moyennes de la Seine, et placée à 1,236 mètres de distance horizontale de la machine même. Mais, malgré les difficultés, Deville ne douta pas un seul instant de la réussite de son entreprise, et les travaux commencèrent.

Notre intention n'est pas de faire ici la description de l'ancienne machine de Marly, dont l'aspect avait quelque chose de surprenant et de gigantesque ; ce que nous tenons seulement à dire, c'est que, pour que l'eau pût monter jusque sur la tour des arcades, deux réservoirs étaient installés sur la côte : le premier recevait l'eau de la Seine, d'où elle était envoyée au second, pour s'élever ensuite jusqu'au sommet de la tour. Deux cent cinquante-trois corps de pompes, mises en mouvement par quatorze roues hydrauliques de trente quatre pieds de diamètre (11m33) chacune, remplissaient cet office. On peut juger, par ce simple exposé, de la forêt de

Vue de l'ancienne Machine de Marly

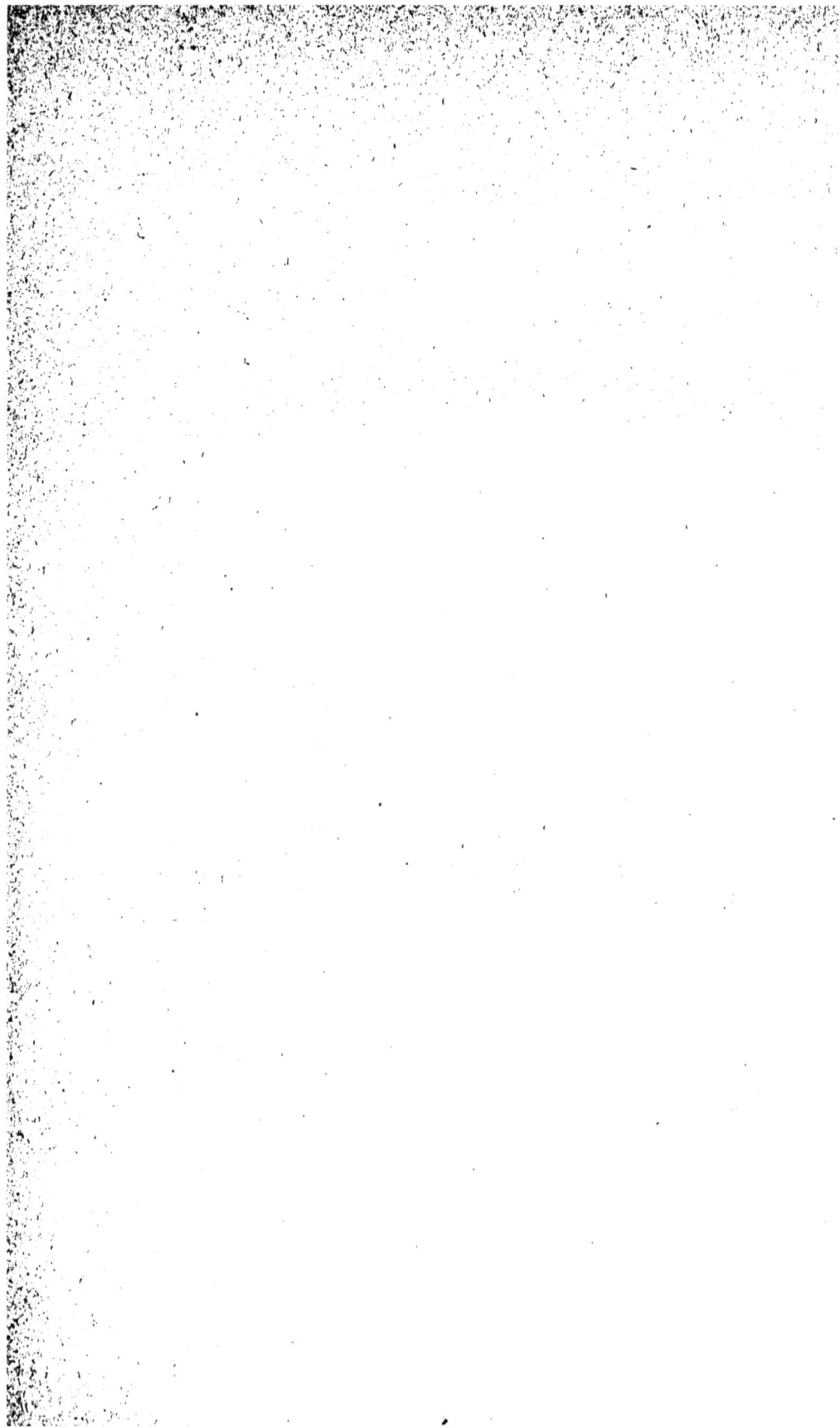

bois et de fer qui couvrait la côte de Louveciennes, et du bruit effrayant que devaient produire toutes ces pompes, ces roues et ces chaînes continuellement en mouvement (page 117).

On mit cinq ans à construire cette machine phénoménale et elle coûta 3.953.561 livres, 13 sous, 4 deniers.

Pendant l'année 1681, tous les travaux furent poussés avec une grande activité.

Une des plus belles pièces d'eau de Versailles, était le canal. Nous avons dit que Louis XIV aimait beaucoup à y faire des promenades, où il était toujours accompagné par des dames, des princes et un certain nombre de personnages de la Cour, désignés par lui. Les canons de la flotte qu'il y avait réunie annonçaient son arrivée et son départ. Outre les matelots venus de Toulon et du Hâvre, commandés par un capitaine de vaisseau, il avait ajouté à cet équipage, huit gondoliers vénitiens avec leurs gondoles (1); et cette année, voulant encore augmenter le nombre des servants de sa flotille, il fit acheter sur les côtes du Maroc, cinquante-quatre jeunes nègres, qui se prosternèrent la face contre terre lorsqu'ils lui furent présentés. Le canal ressemblait donc, à cette époque, à un port de mer en miniature.

C'était le moment où Colbert s'occupait de faire une marine formidable, capable de tenir tête aux Anglais et aux Hollandais. Il venait de créer Brest et Toulon, et il cherchait, tout en amusant le Roi, à le familiariser avec les questions navales et à faire sous ses yeux quelques essais qu'il ne fut peut-être pas allé voir ailleurs. C'est ainsi qu'on essaya à plusieurs reprises sur le canal, diverses machines destinées à servir dans les ports, et que cette année 1681, on fit venir à Versailles, un assez grand nombre de charpentiers de la marine, chargés de construire, sous la direction de Tourville et de Duquesne, venus exprès à la Cour, deux modèles de frégates conçues par ces deux grands marins. Cela peut servir à expliquer la création de cette flotille du canal, et les sommes considérables qu'elle coûta pour sa formation et son entretien.

1682. — Après tous ces grands travaux, on aurait pu croire que le Roi devait se déclarer satisfait. Il n'en était pas ainsi. Louis XIV faisait en ce moment même exécuter le bassin de Neptune, et d'autres encore étaient en projet. Le surintendant ne se lassait pas de rechercher les moyens d'avoir toujours à sa disposition, des masses d'eau suffisantes à la consommation qu'en faisait le monarque ; lorsqu'un savant ingénieur, auteur d'un *Traité sur les forces mouvantes*, Gobert, vint lui proposer de niveler les plaines au sud-est de Versailles, afin de rechercher s'il ne serait pas possible de recueillir dans des étangs, l'eau de ces plaines, comme on l'avait fait pour Trappes et Bois-d'Arcy. Colbert accueillit avec empressement ses propositions. Gobert se mit aussitôt à l'œuvre. Il parcourut avec soin toutes les plaines de ce côté et nivela ainsi plus de vingt-cinq lieues de terrains, puis il présenta au ministre un projet général en indiquant approximativement la moyenne des eaux pouvant être recueillies, suivant les années plus ou moins pluvieuses, ce projet plut extrêmement à Colbert ; tout fut bientôt mis en mouvement pour son exécution. Plus de 4.000 ouvriers furent occupés à remuer les terres, à creuser des rigoles et des étangs. Quatre grands emplacements furent choisis pour servir de réservoirs ; Saclay, Villers-le-Bâcle, Orsigny et Trou Salé. Les eaux de ces étangs, amenées jusqu'au village de Buc, durent d'abord traverser la vallée de la Bièvres, au moyen de tuyaux en syphons, remplacés quelques années plus tard par le bel aqueduc construit par Vauban ; puis par un aqueduc souterrain conduites dans les réservoirs de Gobert dans l'enclos de ce nom et de là dans ceux du château. Ce grand travail fut exécuté avec beaucoup de savoir et d'intelligence par Gobert. Commencé en 1681, il fut terminé en 1683.

Le ministre était ravi de la réussite de cette entreprise ; il en

félicita Gobert et le présenta à Louis XIV. Trois jours après,
Colbert tomba malade et mourut. Trois semaines après, on mit
l'eau dans les conduites ; elle monta à la hauteur des réservoirs ;
c'est elle qui alimente actuellement la plus grande partie des
bassins placés au-dessous du parterre. Cette nouvelle réserve
des eaux destinées à Versailles, coûta 1.394.269 livres.

1683. — Le nom de Versailles retentissait non seulement dans
toute la France, mais encore dans toute l'Europe ; on accourait
de tous côtés voir cette merveille. Colbert en fit les honneurs à
plusieurs savants étrangers, et en particulier au célèbre
Huyghens (1), qui admira tout, dit Perrault, dans ses mémoires,
et en particulier les effets d'eaux.

Louvois appliqua aux travaux de Versailles, l'activité et la
volonté de fer qui étaient le fond de sa nature. Deville, Gobert,
Le Jongleur, reçurent les ordres les plus pressants, et des régiments entiers vinrent, à son commandement, aider les ouvriers
chargés jusqu'alors de ces grandes entreprises.

1684. — La machine de Marly, avec ses bassins, ses pompes,
ses rouages compliqués, s'élevait rapidement, mais pas encore
assez vite au gré de Louvois. Outre la machine, il fallait encore
construire des réservoirs pour recevoir l'eau de la Seine à son
arrivée au sommet de la montagne (2), des aqueducs pour la
conduire à Versailles, et d'autres réservoirs dans ce lieu, d'où
elle pût être dirigée dans les bassins du Parc, pour en former
les jets les plus élevés. Tout cela fut exécuté par Louvois, en
moins d'une année.

Il existait à peu de distance du château, une butte fort élevée
qui portait le nom de Montbauron. Ce point fut choisi comme
le plus élevé de Versailles, pour y placer les réservoirs d'arrivée de l'eau de Seine. La butte fut coupée, deux réservoirs
creusés, sur quatre projetés ; tandis qu'un immense bassin,

(1) Célèbre astronome de l'époque.
(2) Les réservoirs des deux portes.

où séjournait d'abord l'eau élevée par la machine, était établi sur les hauteurs de Louveciennes, non loin des arcades élevées par Mansart. Pour rejoindre ces deux points, un aqueduc souterrain de 6,300 mètres de longueur fut établi du réservoir de Louveciennes jusqu'à la butte de Picardie, dans un réservoir de ce nom. Pour relier cette butte avec celle de Montbauron, on construisit un aqueduc en maçonnerie d'environ trente mètres d'élévation, percé de plusieurs arcades, sur lequel l'eau était dirigée par un chénal dans les réservoirs de Montbauron. Vingt mille hommes, dit un auteur du temps (1), furent employés à ces travaux. Ainsi, au commencement de l'année 1685, grâce à cette activité, tout se trouvait prêt pour recevoir les eaux quand la machine pourrait enfin fonctionner.

Louvois avait rencontré un homme de génie pour le seconder dans son système de défense des frontières du royaume. Ce fut à lui qu'il s'adressa pour surveiller et même diriger les grands travaux hydrauliques de Versailles. Vauban s'occupa d'abord de la machine. Il en étudia le mécanisme avec Deville, et porta surtout son attention sur les digues de la Seine, dont il fit changer les dispositions en plusieurs endroits ; il améliora également les moyens de défense du côté des roues. Puis il s'occupa du grand travail de Gobert, fit changer les conduites en syphon qui faisaient franchir à l'eau des étangs de Saclay la vallée de Buc, et les remplaça par un aqueduc long de 600 mètres, percé de dix-neuf arcades de 20 mètres de hauteur, qui donne encore aujourd'hui un aspect si grandiose à cette portion de la vallée.

Louvois imprimait la même activité aux travaux de Mansart. La grande galerie, l'aile du sud étaient terminées. Le grand commun s'achevait ; on construisait la grande Orangerie,

(2) Versailles Immortalisé.

l'église de Notre-Dame, le couvent des Recollets, et l'on
dépensa dans les deux années 1683 et 1684, 9,723,216 livres
17 sous 2 deniers, sur lesquels 3.209,506 livres étaient employées pour les eaux.

1685. — Ce que Louis XIV aurait surtout voulu pour
Versailles, c'était qu'on pût y faire passer un cours d'eau.
Déjà, vers 1670, on avait été sur le point de commencer un
canal qui devait amener les eaux de la Loire. Le traité allait
être signé, quand on renonça à l'exécution de ce projet par
suite d'observations échangées entre Riquet, l'auteur du projet,
et l'abbé Picart.

Ce que n'avait pu exécuter Colbert, Louvois brûlait du
désir de le faire. Il chercha si quelqu'autre cours d'eau ne
pouvait remplacer celui de la Loire. Ayant remarqué l'élévation constante des terrains de Versailles à Maintenon, et la
rapidité du cours de l'Eure, il pensa que là peut être se
trouvait la solution du problème tant désiré. Il communiqua
cette idée à Vauban et à Lahire, de l'Académie des Sciences,
et chargea ce dernier des nivellements nécessaires pour
reconnaître à sa source la hauteur de l'Eure.

La source de cette rivière est dans le Perche. Lahire
partit de Versailles dans le mois d'octobre 1684, nivelant
toujours en remontant le cours de l'Eure. Arrivé à Pontgouin,
à sept ou huit lieues au-delà de Chartres, il trouva enfin
qu'en cet endroit l'Eure était de vingt-sept mètres au-dessus
du réservoir de la Grotte, le plus élevé de Versailles. Après
avoir exactement vérifié toutes ses observations, il revint
annoncer cette nouvelle au Ministre. Louvois voulait qu'on
commençât immédiatement les travaux. Mais Lahire lui ayant
fait observer que dans une entreprise semblable, on ne pouvait prendre trop de précautions, et qu'un nouveau nivellement était nécessaire avant de commencer, on remit cette
opération au printemps de 1685. Lahire, Cassini, Sédileau, et

la plupart des membres de l'Académie des Sciences, présidèrent à ce nouveau nivellement qui vint confirmer l'exactitude du premier.

Louvois chargea Vauban d'exécuter ce vaste projet. Trente mille hommes furent employés aux travaux, un tiers d'ouvriers, le reste composé de divers régiments réunis dans un camp près de Maintenon, sous le commandement du marquis d'Uxelles.

Par le projet gigantesque de Louvois qu'allait exécuter Vauban, il ne s'agissait plus, comme dans les travaux hydrauliques antérieurs, d'amener à Versailles quelques filets d'eau recueillis à grand'peine, c'était une rivière qu'on allait faire couler dans le séjour royal ; œuvre digne des Romains et du génie de Vauban, et dont la réussite aurait complètement changé l'aspect de Versailles.

On construisit d'abord à Pontgouin, où commençait le canal, une immense retenue en pierre de taille qui existe encore en partie aujourd'hui, pour accumuler en ce lieu les sources de l'Eure et les diriger abondamment et à volonté dans le canal. Ce canal, dont le développement était de 44 kilomètres (11 lieues) entre Pontgouin et Maintenon, comprenait des remblais qui n'avaient pas moins de 23 mètres de hauteur, 118 mètres de largeur à leur base et 16 mètres à leur couronnement. Tout ce premier travail fut fait en moins d'une année. Louvois était ravi et venait visiter les travaux deux fois par mois. Mais ce qui restait à faire était la partie la plus difficile ; il s'agissait de faire franchir à l'Eure la vallée de Maintenon, sur un aqueduc de 5,920 mètres de longueur, percé de 242 arcades de 13 mètres de largeur. Ces arcades, suivant la profondeur de la vallée, auraient été tantôt simples, tantôt doubles, tantôt triples. La plus grande hauteur de l'aqueduc dans le fond de Maintenon, où il devait y avoir trois rangées d'arcades superposées, aurait été de 68 mètres (p. 115).

Vue des Arcades de Maintenon

Dans le plan qu'avait dressé Vauban de ce canal, l'eau,
une fois sortie de ce long aqueduc, devait couler dans un
lit de terre jusqu'aux étangs de Trappes et de Bois-d'Arcy.
Mais comme l'Eure pouvait ne pas fournir en tous temps
la même quantité d'eau, il était nécessaire d'établir, sur le
parcours du canal, de grandes réserves qui permissent de
maintenir toujours le même niveau. De là, la création des
étangs de la Tour, du Perray, de Saint-Hubert, de Hollande
et de Mesnil Saint-Denis. Ces grandes réserves devaient s'a-
limenter du trop-plein du canal, lorsque les eaux étaient
hautes, de l'eau des sources des environs et de celles des
pluies et des neiges, qui leur étaient amenées par un sys
tème de rigoles les faisant communiquer entre elles et avec
le canal.

Tel était, dans son ensemble, le grand projet conçu par
le génie de Vauban.

Pendant qu'une armée travaillait ainsi sous ses ordres,
des nuées d'ouvriers remplissaient Versailles même et ses
environs. Mansart achevait le château par la construction
de l'aile du nord. Le château d'eau et les réservoirs de
l'Opéra venaient remplacer ceux que les nouvelles constructions avaient fait disparaître. Les monuments commencés
dans la ville s'achevaient. Pour recevoir l'eau des étangs
de Saclay, on creusait les réservoirs de Gobert, enfin on
pressait les travaux de la machine de Marly, et tout annon-
çait que l'eau de la Seine allait arriver triomphante à Ver
sailles. Aussi, cette année 1685, 11.443.310 livres 6 deniers
furent dépensés à Versailles, dont 6.224.544 livres pour les
travaux hydrauliques.

1686. — Pendant tout le cours de l'année 1686, Louvois
ne cessa de stimuler par sa présence l'armée de travailleurs
réunis à Maintenon. Il encourageait leur zèle par de nombreuses gratifications, et chercha à l'augmenter encore en y

attirant le Roi, qui vint examiner les travaux, passer la revue des troupes et distribuer des récompenses.

Une surprise agréable attendait Louis XIV à son retour à Versailles. La machine de Marly, dont on se promettait de si grands effets, était enfin terminée, et l'eau de la Seine coulait dans les réservoirs de Montbauron. Le Roi, dans son contentement, fit venir Deville, le félicita de ce résultat, et pour lui montrer toute sa satisfaction, il lui accorda une gratification de 100.000 livres, le nomma gouverneur de la machine, avec une pension de 12,000 livres par année, et lui fit construire, à Louvencienne, une habitation qui devint plus tard le séjour de Mme du Barry (page 117).

Versailles devenait de plus en plus la personnification de Louis XIV, il se mirait en quelque sorte dans son ouvrage. C'était là, dans ses magnifiques appartements tout resplendissants d'or et d'argent, qu'il aimait à étaler sa grandeur. Déjà, en 1685, il avait exigé que le doge de Gênes vînt à Versailles, signer le traité de paix de la France avec la République. Il le reçut avec la plus extrême magnificence et ne manqua pas surtout de lui faire voir toutes les beautés de son Versailles. Tout le monde connaît la réponse pleine de dignité que le doge fit à l'un des personnages qui l'accompagnaient, et qui lui demandait s'il ne voyait pas en ce lieu des choses rares : « Ce que j'y vois de plus rare, dit-il, c'est de m'y voir. »

L'on fit cette année 1687, un nouveau bosquet pour y placer les groupes de marbre de la grotte de Thétis, disparue dans la nouvelle construction de l'aile du nord (1) et le bosquet de la Colonnade.

On se rappelle que, sur un désir de Mme de Montespan, Louis XIV fit élever le pavillon du Trianon de porcelaine.

(1) Sous Louis XVI, on fit, d'après les dessins de Robert, le bosquet des *Bains d'Apollon* actuel, pour y placer ces beaux groupes.

Toute relation ayant cessé d'exister entre eux, le Roi ayant épousé Mme de Maintenon, ce lieu dont les souvenirs avaient cessé d'être agréables, devait disparaître. On construisit alors, sur les plans de Mansart, le joli palais en marbre, à l'Italienne, qui porte aujourd'hui le nom de Grand-Trianon.

Toutes ces nouvelles constructions et les dépenses considérables qu'elles occasionnaient, n'arrêtaient pas le grand travail exécuté par Vauban. Presque toutes les réserves et les nombreuses rigoles qui les reliaient étaient terminées ; tous les efforts se concentraient sur la construction de l'aqueduc de Maintenon, dont on voyait s'élever les premières et majestueuses arcades.

Pendant ce temps, s'achevaient tous les autres travaux hydrauliques commencés autour de Versailles; 6.423.724 livres y furent consacrées, sur les 11.209,739 livres 2 sous 5 deniers, dépensées pendant les années 1686 et 1687, pour les travaux de Versailles.

1688. — Tandis que Louis XIV était ainsi occupé à faire de Versailles et de ses environs un séjour unique, l'orage se formait à l'étranger. Tous ses ennemis se réunissaient contre lui, la ligue d'Augsbourg venait d'être signée, et Louvois sentait que la guerre n'allait pas tarder à éclater. Aussi pressait-il l'achèvement du grand projet qu'il avait conçu, et que le Roi brûlait du désir de voir réussir. Vauban demandait encore deux ans pour la construction de son aqueduc, mais Louvois espérait qu'en augmentant le nombre des ouvriers et en répandant abondamment l'argent, l'année 1688 pourrait le voir terminé. Pour stimuler les travailleurs, il ne quittait presque plus Maintenon; le Roi y vint encore plusieurs fois cette année, distribuer des récompenses aux soldats, et il y engloutit 15.000.000 de livres.

Malgré tous ces efforts, la guerre ayant éclaté au commencement de septembre, les troupes réunies à Maintenon furent dirigées sur l'Allemagne, Vauban alla présider au siège de Phalsbourg, et les travaux de l'Eure furent suspendus pour ne jamais être repris. C'est ainsi que cette grande entreprise resta inachevée.

Nous avons dit que pour assurer le niveau du canal qui devait amener l'eau de l'Eure à Versailles, on avait établi sur le plateau qui s'étend de Rambouillet à Trappes, de grandes réserves communiquant entre elles par des rigoles Ces réserves ne furent point perdues. Recevant déjà l'eau des sources, des pluies et des neiges des plaines environnantes, elles furent reliées par d'autres rigoles aux étangs de Trappes, de Bois-d'Arcy, et à ceux des plaines de Saclay, et formèrent ce grand système des étangs et rigoles qui fournit encore aujourd'hui à Versailles une partie de l'eau qui y est consommée.

Ici se terminèrent les grands travaux hydrauliques de Versailles sous Louis XIV. On a vu comment, pendant vingt quatre ans, le plaisir de voir dans son parc des eaux jaillissantes, passant chez lui à l'état de passion, fit éclore les différents systèmes qui fournissent d'eau notre ville. Trois espèces d'eau arrivaient alors abondamment à Versailles : l'eau des étangs, l'eau des sources amenée par les aque ducs du Trou-d'Enfer et de la plaine de Bailly, du Ches nay et des Fonds-Maréchaux, et l'eau de Seine élevée par la machine de Marly.

Ces trois sortes d'eau existent encore aujourd'hui à Versailles, mais dans des conditions bien différentes. Tous les étangs du Nord ont été supprimés, deux des plus considérables du Sud ont été desséchés, et les autres presque abandonnés fournissent une bien moins grande quantité d'eau, malgré les soins qui leur ont été donnés depuis. L'aque duc du Trou-d'Enfer, qui amenait de l'eau de source assez abondamment pour fournir toutes les fontaines de la ville de Louis XIV, mal entretenu, ainsi que les sources dont la plupart se sont perdues sous le règne de Louis XV et pendant la révolution, donne à peine 200 mètres cubes. Quant à l'ancienne machine de Marly, elle fut abondonnée à cause de son état de vétusté, et remplacée par une machine à vapeur pouvant à grand'peine fournir aux besoins journaliers de la ville. Versailles aurait pu ainsi se voir un jour privée d'eau, si un habile ingénieur, M. Dufrayer, alors Directeur du service des eaux, n'était venu créer une nouvelle machine aussi admirable dans sa simplicité qu'étonnante dans ses résultats, qui suffit encore aujourd'hui à tous les besoins de la ville.

L'état de la Seine s'étant aggravé, il était réservé au successeur de M. Dufrayer, M. l'Ingénieur en chef Grille, chargé, à titre provisoire, du service des eaux, de recher cher les moyens de parer à un état de choses aussi préju diciable aux intérêts de Versailles.

C'est ainsi que d'après ses ordres on procéda sur la rive gauche de la Seine, au forage dans l'intérieur d'une des cours de la machine de Marly, de deux puits, pour re cueillir les sources du versant Nord, qu'on croyait en com munication avec la nappe du Vésinet.

Ces travaux de recherches furent poursuivis avec succès par M. Roza de Mandres, inspecteur général des Ponts et Chaussées, successeur de M. Grille et aujourd'hui un succès complet a couronné les recherches faites par M. Berthet, ingénieur en chef des Ponts et Chaussées, chargé définiti vement de la Direction du service des Eaux de Versailles.

Résumant notre description, nous voyons d'abord Louis XIV faire quelques embellissements aux jardins de Versailles ; puis peu à peu les agrandir, les orner de jets d'eau, de statues, augmenter les bâtiments les dépendances, y créer enfin une ville, un Palais magnifique, et venir y fixer son séjour. En suivant cette marche progressive dans les registres des dépenses des Bâtiments du Roi, véritable tré- sor où est écrite par livres, sous et deniers, l'histoire des arts, des lettres et des sciences, parties si intéressantes de ce règne, et où l'on trouve non seulement les dépenses de Versailles, mais celles de toutes les autres maisons royales embellies et réparées par le Roi, on voit que la somme dépensée à Versailles, la plus considérable de toutes les sommes consacrées aux bâtiments, s'est élevée, de l'année 1664 à l'année 1688, date où nous faisons finir ces recher- ches, à 89,813,693 livres, 15 sous, 3 deniers, ce qui, d'a- près les calculs de M. Pierre Clément, dans son *Recueil des lettres et instructions de Colbert*, ferait 449,068,468 fr. 85 centimes de notre monnaie actuelle.

Et les travaux hydrauliques dont nous nous occupons, en ne comprenant que ceux du dehors et en laissant dans les dépenses générales les bassins et les bosquets du Parc, se seraient élevées à la somme de 39,151,361 livres, ou à celle de 195,756,805 francs de notre monnaie.

CHAPITRE V

ITINÉRAIRE DE L'EAU DANS LES DIFFÉRENTS RÉSERVOIRS ET BASSINS DU PARC DU PALAIS

Les réservoirs principaux qui concourent à l'alimentation des bassins du *Parc de Versailles*, pour le jeu des grandes eaux, sont au nombre de quatre. Deux sont situés sur la butte de Montbauron, et les deux autres dans l'enclos de Gobert, dont ils portent le nom.

Ces quatre réservoirs contiennent : les deux premiers 115.000 mètres cubes ; les deux derniers 45.000 mètres.

Ils forment ce qu'on appelle le premier étage d'alimentation et se déversent dans deux autres réservoirs intermédiaires ou de transit, qui composent le deuxième étage ayant une action directe sur le jeu des eaux du parc, à part une seule exception dont nous parlerons plus loin.

Le premier réservoir intermédiaire qui contient 1.200 mètres cubes est connu sous le nom de *réservoir du Château d'Eau*, il est établi sur le sommet du bâtiment dont il porte le nom, et où se trouve la Direction du service des eaux ; son niveau est à cinq mètres au-dessous des réservoirs de Montbauron qui l'alimentent, et à neuf mètres cinquante au-dessus du *Parterre d'eau* ou *Terrasse du Château*.

Le deuxième réservoir intermédiaire, cubant 6.000 mètres cubes, est appelé *Réservoir de l'Aile* ; il est situé rue des Réservoirs, derrière l'opéra du palais de Versailles.

Ces six réservoirs, dont la capacité totale est de 167.200 mètres cubes en alimentent à leur tour, six autres situés dans le parc même et forment ainsi le troisième étage, ou étage inférieur.

Ils se composent :

1° Des deux bassins du parterre d'eau, d'une contenance de 4.000 mètres ;

2° Des réservoirs souterrains, situés à gauche et à droite des bassins du parterre, qui contiennent 45.000 mètres ;

3° Des deux réservoirs situés avenue de Trianon et connus sous le nom de *Bains des Jambettes* ; leur capacité est de 4.500 mètres.

La réserve d'eau totale pour l'alimentation des effets d'eau du Parc est donc de 220.000 mètres cubes. Maintenant que nous avons signalé la source d'alimentation du jeu des eaux, nous allons, dans un rapide exposé, faire connaître les différentes fonctions de chacun de ces réservoirs et des effets de second ordre de chacune des pièces elles-mêmes.

Ainsi le réservoir du château d'eau alimente :

1° Les *Bassins du Parterre d'eau* dont les effets sont au nombre de 32 ;

2° Ceux des *Cabinets de Diane* et du *Point du jour* ou *Combats d'animaux* ;

3° La gerbe de chacun des *Bassins du Parterre du Midi*, situés sur la terrasse, au-dessus de l'Orangerie ;

4° Les *Bassins du Parterre d'eau*, qui sont eux-mêmes réser voirs. Le *Bassin de la Pyramide* ou *Pot-Bouillant*, puis les deux *Bassins des Couronnes* ou *des Syrènes*, situés parterre du Nord. Ils alimentent encore les huits jets du plafond au milieu de la pièce de Neptune, ainsi que les effets d'eau formant le dôme du *Bassin de Latone*.

Le trop plein des *Bassins du Parterre d'eau*, se déverse dans les réservoirs souterrains de la terrasse. Les *Bassins des Cabinets* ou *Combats d'animaux*, alimentent avec leur trop plein, les deux gerbes du *Bassin de Latone* et l'excédent de leurs eaux se déverse dans les réservoirs souterrains. Les eaux de ces deux réservoirs alimentent les soixante-six ajutoirs du *Bassin de Latone*, par leur soupape de fond, et les gerbes des deux *Bassins des Lézards*, situés à droite et à gauche du *Parterre de Latone*, en face des Quinconces du Nord et du Midi, les *Cascades de la Salle de bal* ou *des Rocailles*, dont les effets d'eau sont au nombre de vingt-cinq.

Les bains d'Appollon sont également alimentés en partie par les réservoirs souterrains de la terrasse et directement par le réservoir de l'Aile et par celui du Château d'eau.

L'effet principal qu'on appelle la Langue et qui est le plus puissant, est alimenté directement par le réservoir de Montbauron. C'est le seul bassin dans ce cas, ainsi que nous l'avons dit plus haut.

Le *Bassin de Latone* est un de ceux qui possède le plus d'effets d'eau. Leur nombre s'élève à soixante-seize.

L'eau qui en provient, alimente non seulement les gerbes du *Bassin d'Appollon*, mais celle du *Bassin de Bacchus* ainsi que les deux du *Bassin du Miroir*, situés devant le jardin du Roi.

Le *Bassin de Saturne* est alimenté par la cuvette du *Bassin de Bacchus*. Le *Bassin de Cérès* par la superficie de celui de la *Pyramide*. Le *Bassin de Flore* par la superficie de celui de *Cérès*. Le *Bassin des Enfants dorés* est alimenté par le réservoir de l'Aile. Les deux petits bassins placés à chacune des extrémités de l'ave nue dite *Cabinet des Antiques*, sont alimentés par une conduite partant de *Bacchus*.

Du même côté, et dans le même massif, on rencontre la *Colonnade*, qui occupe l'emplacement de l'ancienne fontaine des sources.

La *Colonnade*, de forme circulaire, est construite toute en marbre bleu turquin, marbre blanc et marbre rouge de Languedoc, elle a 32 mètres de diamètre, et 32 colonnes composent sa décoration. Entre 28 de ces colonnes, sont placés autant de bassins ornés de vasques également en marbre.

L'alimentation des 28 jets de la *Colonnade* provient de deux cuvettes du *Bassin de Bacchus* ; nous appelons aussi l'attention sur le cas du cinquième effet d'eau que représente la *Colonnade* : elle est desservie d'abord par le *Bassin de Bacchus*, celui-ci par celui de *Latone*, lequel provient, en partie des réservoirs souterrains de la Terrasse, alimentés eux-mêmes par le trop plein des deux *Bassins du Parterre d'eau* et de ceux des *Cabinets* ou *Combats d'animaux*, qui servent aussi à alimenter le *Bassin de Latone* et qui prennent eux-mêmes leur origine dans le réservoir du Château d'eau. En résumé, voici la graduation de cet admirable enchaînement :

Les réservoirs de Montbauron se déversent dans le Château d'eau, à 5 mètres au-dessous. Le Château d'eau dans les *Bassins du Parterre d'eau* et des *Cabinets*, à 9 m 50 au-dessous. Ces bassins dans les réservoirs souterrains de la Terrasse, et ces derniers dans le *Bassin de Latone*, à 10 m 50 au-dessous de la Terrasse.

Latone alimente le *Bassin de Bacchus*, à 17 m 20, et aussi la *Colonnade* après une chute de plus de 24 mètres. Nous arrivons maintenant au *Bassin d'Appollon*, vulgairement appelé *Char embourbé*. L'alimentation de cette pièce est également très intéressante : elle provient de différents bassins et réservoirs.

La superficie du *Bassin de Latone* alimente la grande gerbe, celle qui occupe le centre du groupe ; son élévation est d'environ 19 mètres. Les deux *Bassins des Lézards*, dans le parterre de *Latone*, alimentent les gerbes placées à gauche et à droite du groupe ; leur hauteur est de 15 à 16 mètres. Le bassin supérieur des *Bains des Jambettes* alimente les effets d'eau placés entre les jambes des chevaux.

Le grand bassin inférieur alimente, par sa soupape de fond, les effets d'eau des *Tritons*.

En remontant le Parc, à gauche du *Tapis-Vert*, nous trouvons le *Bassin d'Encelade*. Les effets d'eau de cette pièce sont produits : le principal, la gerbe sortant de la bouche d'*Encelade*, par le réservoir de l'Aile ; la hauteur de cette gerbe, une des plus élevées du Parc, atteint 23 à 24 mètres. Les bouillons, petits jets de 1 m 20 de hauteur, au nombre de 16, par le grand réservoir des *Jambettes*, qui alimente également les jets auxiliaires placés entre les doigts d'*Encelade* et dans ses mains. Les trois gros bouillons sont fournis par *Latone*. Les petits jets intermédiaires entre les bouillons, proviennent du petit *Bassin des Jambettes*.

Le nombre des effets d'eau d'*Encelade* est de 32.

Près du *Bassin de l'Encelade*, se trouve le *Bassin de l'Obélisque* ou des *Cent-Tuyaux*. Le nombre total des jets de l'*Obélisque* est de 231 : la hauteur du jet principal est de 25 mètres, l'alimentation des eaux de ce bassin est faite par les réservoirs suivants : la *Grande-Gerbe*, celle du centre, par le réservoir de l'*Aile* ou de l'*Opéra* ; les deux rangs qui viennent ensuite, par le *Bassin de Latone* et le dernier rang par le petit *Réservoir des Jambettes*.

Avant de continuer notre description, il nous a semblé intéressant de faire connaître en passant, l'origine des *Réservoirs des Jambettes* : ils tirent leurs eaux :

1° De la superficie et de la soupape de fond du *Bassin du Dragon* ; 2° du trop plein de l'*Allée d'eau* ou des *Marmousets* ; 3° de la *Nappe des Bains de Diane* et de la *Pyramide* ou *Pot-Bouillant* ; 4° des *Bains d'Apollon* ; 5° du *Bassin de Cérès* ; 6° de la superficie du *Bassin des Enfants Dorés*.

Maintenant, remontant jusqu'au parterre du Nord, nous rencontrons les deux bassins des *Syrènes* ou des *Couronnes*, alimentés par le parterre d'eau qui fait jouer les 24 jets de ces deux bassins. La conduite de décharge de chacun d'eux alimente les mascarons placés à gauche et à droite de la *Nappe*, ou *Bains de Diane*, situés en haut de l'allée des *Marmousets*.

Après les *Syrènes*, nous avons le *Bassin de la Pyramide*, alimenté par le réservoir Nord du parterre d'eau, sur la terrasse dont l'excédent alimente la cascade en nappe des *Bains de Diane*.

Nous pénétrons maintenant dans l'allée dite des *Marmousets*, ornée de quatorze petits basins avec vasques en marbre dont les supports sont chacun ornés d'un groupe de trois enfants en bronze ; ces petits bassins sont desservis : 1° par le *Bassin de la Pyramide* ; 2° par une cuvette ou petit réservoir situé dans le bosquet de l'*Arc de Triomphe* à droite ; 3° par une autre cuvette, située dans le bosquet des *Trois-Fontaines*, à gauche ; 4° par les deux bassins des *Syrènes*, qui contribuent chacun à l'alimentation des bassins de gauche et de droite.

Chaque vasque des *Marmousets* s'alimente de deux en deux et toute l'allée est réglée par huit robinets, de telle sorte que pas un jet d'une vasque ne dépasse l'autre en hauteur. Au bas de l'allée, il existe autour du *Bassin du Dragon*, huit petites vasques semblables à celles de cette allée, et alimentées par les *Bains de Diane*.

Nous arrivons enfin au *Bassin du Dragon*, dont le jet se fait de deux manières : l'*Ordinaire* et l'*Extraordinaire*. Le jeu ordinaire fonctionne en même temps que celui des autres bassins du Parc; l'extraordinaire succède au premier, pour annoncer l'ouverture des jets de Neptune. L'ouverture en plein de ce jet, peut atteindre vingt-sept mètres de hauteur.

L'alimentation du *Dragon* est fournie pour le jeu ordinaire, par le *Bassin de la Pyramide* qui est plus élevé de 11^m05. Pour le jeu extraordinaire par le *Réservoir du Château-d'Eau*, plus élevé de 28 mètres que le *Bassin du Dragon*.

Il nous reste encore à décrire les merveilleux effets d'eau de la *Pièce de Neptune*, sans oublier son immense cadre qui peut facilement contenir plus de 60.000 spectateurs.

La pièce de Neptune reçoit l'eau du réservoir de l'Aîle, à l'exception des huits jets du milieu et du Dragon de l'ouest, qui sont alimentés par les bassins de la Terrasse.

Les effets d'eau de cette pièce se décomposent ainsi :

Le plafont 8 jets, les chénaux 22 jets, les vâses 22 jets de 21 mètres de hauteur ; les dragons 2 jets, le groupe de Neptune 20 jets, celui de Protée 14 jets, et enfin celui de l'Océan 10 jets, en tout 98 jets d'eau.

L'ensemble de la pièce de Neptune, avec le grand jet du Dragon au dessus, et la perspective de l'Allée des Marmousets, couronné par la Pyramide, avec la vue de l'avant corps du Palais comme fond de tableau, forment un spectacle unique, qui excite toujours l'admiration des étrangers chaque fois qu'ils viennent à Versailles, attirés par les splandeurs de son Parc. Ce qui provoque principalement leur surprise et leurs cris d'admiration, c'est la spontanéité avec laquelle s'élèvent sur un espace de 200 mètres, les 98 jets de cette pièce.

Un dernier renseignement peu connu

Le volume d'eau dépensé pendant la durée du jeu des eaux, n'est pas moindre de 10.000 mètres cubes : l'écoulement de cette énorme masse, se fait par les égouts Nord et Sud, par le Canal, et enfin par le Rû de Gally qui les déversent dans la rivière de la Mauldre, à 20 kilomètres de Versailles, d'où il se jette dans la Seine.

Par cet exposé, on peut juger de l'importance des chef-d'œuvres de l'art hydrauliqne que nous venons de décrire, surtout quand on se reporte à l'époque de la création des bassins du Parc de Versailles, qui comprenaient alors, plus de 1.400 jets : aujourd'hui réduits à environ 600.

APPENDICE

Le chapitre premier de notre travail donne, dans ses grandes lignes, la description du service des eaux blanches d'étangs.

Dans cet exposé, nous rappelons que jusqu'à la Révolution de 1789, le système des étangs et rigoles, n'avait éprouvé aucune modification; il avait cependant déjà subi de graves atteintes, par suite d'un manque de surveillance, consécutif à la promulgation de la loi du 14 Frimaire de l'an II (4 décembre 1793), relative au desséchement de ces étangs et à leur aliénation.

Son démembrement étant commencé, il ne fallut rien moins que l'intervention de la municipalité de Versailles auprès du gouvernement, pour suspendre l'exécution d'une mesure qui allait consommer la ruine de la ville de Versailles.

Malgré l'arrêté des Consuls du 29 Prairial an IX (18 juin 1802), on eut beaucoup de peine à empêcher les envahissements. Ce ne fut que longtemps après et à la suite du long travail de M. Pinot des Essarts, qu'on pût rétablir ce système dans son état primitif.

L'émotion causée dans la population par la promulgation de la loi du 14 Frimaire, est une preuve indéniable de l'importance des services qu'il rendait alors aux habitants : mais à la ville seule ne se bornait pas ses bienfaits.

En créant le système des étangs, Vauban en prévoyait toute l'importance.

C'est ainsi que lors de l'ouverture des rigoles et du barrage des vallées, il se préoccupait surtout des questions offrant un intérêt de premier ordre : telles que de l'assainissement des régions occupées par les rigoles et par les étangs ainsi que de leur hygiène.

L'exécution de ces immenses travaux d'assainissement, fut une source de richesse pour les populations de la contrée. Elles purent même mettre en culture environ 15,000 hectares de terrains jusqu'alors incultes et marécageux. Ce nouvel état de choses eut pour résultat immédiat la disparition, dans les localités drainées, des maladies épidémiques, fièvres inter-mittentes, etc., etc., qui existaient alors à l'état latent.

Les mesures prises pour conserver à ces régions leur état sanitaire et empêcher le retour des maladies, consistèrent dans l'application rigoureuse d'ordonnances royales, rédigées de telle sorte qu'aujourd'hui elles servent encore de base à la rédaction des cahiers des charges pour la location du Domaine des eaux.

Il nous a paru intéressant et d'actualité de joindre ici, à titre de document historique, une copie de ces ordon-nances, existant dans les archives de la Direction des eaux, qui nous les a gracieusement communiquées.

DE PAR LE ROI

Louis-Bénigne-François Bertier, *chevalier, conseillier du Roi en ses conseils, maître des requêtes ordinaire de son Hôtel, surintendant des Maisons, finances, domaines et affaires de la Reine, et intendant de Justice, police et finances de la généralité de Paris.*

Le Roi étant informé que les grandes rigoles établies sur les territoires des paroisses du Perray, Auffargis, les Bréviaires, Vieille-Église, Coignières, Maurepas, Elancourt et Trappes, pour conduire à Versailles les eaux de l'étang de Pouras et recevoir en même temps celles des petites rigoles appelées vidanges, destinées d'une part à augmenter le volume des eaux amenées en ladite ville, et de l'autre à dessécher les territoires des dites paroisses souvent inondées, ne remplissant qu'imparfaitement leur objet, attendu que lesdites petites rigoles ou vidanges sont engorgées, tant par les racines et rejetons des arbres plantés aux environs, que par les ronces, joncs et autres herbes qui y ont crû, en embarrassent le lit et empêchent l'écoulement des dites eaux, d'où il résulte différents inconvénients, dont les principaux sont de retenir les eaux destinées à la ville de Versailles, de causer et entretenir l'inondation des terres voisines, et de laisser croupir les dites eaux qui, se trouvant dans un état de stagnation continuelle, se corrompent principalement pendant les chaleurs de l'été, infectant l'air et pouvant occasionner des maladies épidémiques dans les paroisses voisines. Et Sa Majesté nous ayant fait adresser ses ordres pour faire cesser les dits inconvénients.

Nous ordonnons que dans un mois de la publication de notre présente Ordonnance, tous propriétaires riverains des petites rigoles ou vidanges destinées à fournir et conduire l'eau nécessaire à la ville de Versailles, seront tenus, chacun en droit soi, et dans la partie des dites rigoles qui répond à son héritage et à ses propriétés, d'abattre ou faire abattre tous arbres de quelqu'espèce que ce soit, fruitiers ou autres, haies vives, brouissailles étant le long des dites ri goles, dans la distance de six pieds des bors d'icelles de chaque côte, comme aussi de faire couper et arracher toutes ronces, rejetons d'arbres, joncs ou autres herbes quelconques qui gèneraient le cours des eaux, et enfin de curer ou faire curer, aussi chacun en droit soi, les dites rigoles en observant de leur laisser les pentes nécessaires pour le libre écoulement des eaux. Déclarons que ledit temps passe et faute par les dits propriétaires d'avoir satisfait dans ledit temps à notre présente Ordonnance, il sera pourvu aux dits abattis et curement à leurs frais, sur les procès-verbaux qui en seront dressés par l'Ingénieur du département, ou tel autre qui nous plaira commettre à cet effet. Faisons très expresses inhibitions et défenses à tous propriétaires, fer miers ou locataires des terres riveraines desdites rigoles, de planter ou laisser planter aucuns arbres, arbrisseaux ou haies vives le long d'icelles dans la distance ci-dessus prescrite, à peine de destruction des dits arbres, arbrisseaux ou haies vives, et de telle amende qu'il appartiendra contre chacun des contrevenans. Leur défendons pareillement de mener ou laisser paître aucuns bestiaux sur les revers desdites rigoles ni aux environs, de manière à ce que les dits

bestiaux ne puissent faire écrouler les terres dans les dites
rigoles, les remplir et par conséquent arrêter le cours des
eaux, à peine de saisie des bestiaux et de telle amende
qu'il appartiendra contre les propriétaires diceux. Mandons
au sieur de l'Epine, notre sub-délégué du département de
Montfort, et au sieur Duval, aussi notre sub-délégué dans le
département de Versailles, de tenir la main à l'exécution
de notre présente Ordonnance, qui sera imprimée et affichée
dans les villes de Montfort, Versailles et dans les paroisses
limitrophes desdites rigoles, à ce que personne ne puisse
prétendre cause d'ignorance, à tous officiers et cavaliers de
Maréchaussée par ce requis, de prêter main-forte pour ladite
exécution.

Fait à Paris, ce cinq décembre, mil sept cent quatre-
vingt-deux.

Signé : BERTIER.

A Paris de l'Imprimerie Royale 1782.

Disons pour terminer, qu'en 1852, un rapport avait été
fait sur le système des étangs et rigoles, qu'il était alors
question de supprimer. Le rapporteur, M. Marry, Inspecteur
général des Ponts et chaussées, pour faire ressortir le plus
possible l'importance et l'utilité de ce système, terminait
son rapport par ces mots :

« *Si le service des eaux de Versailles n'existait pas, il faudrait le*
» *créer.* »

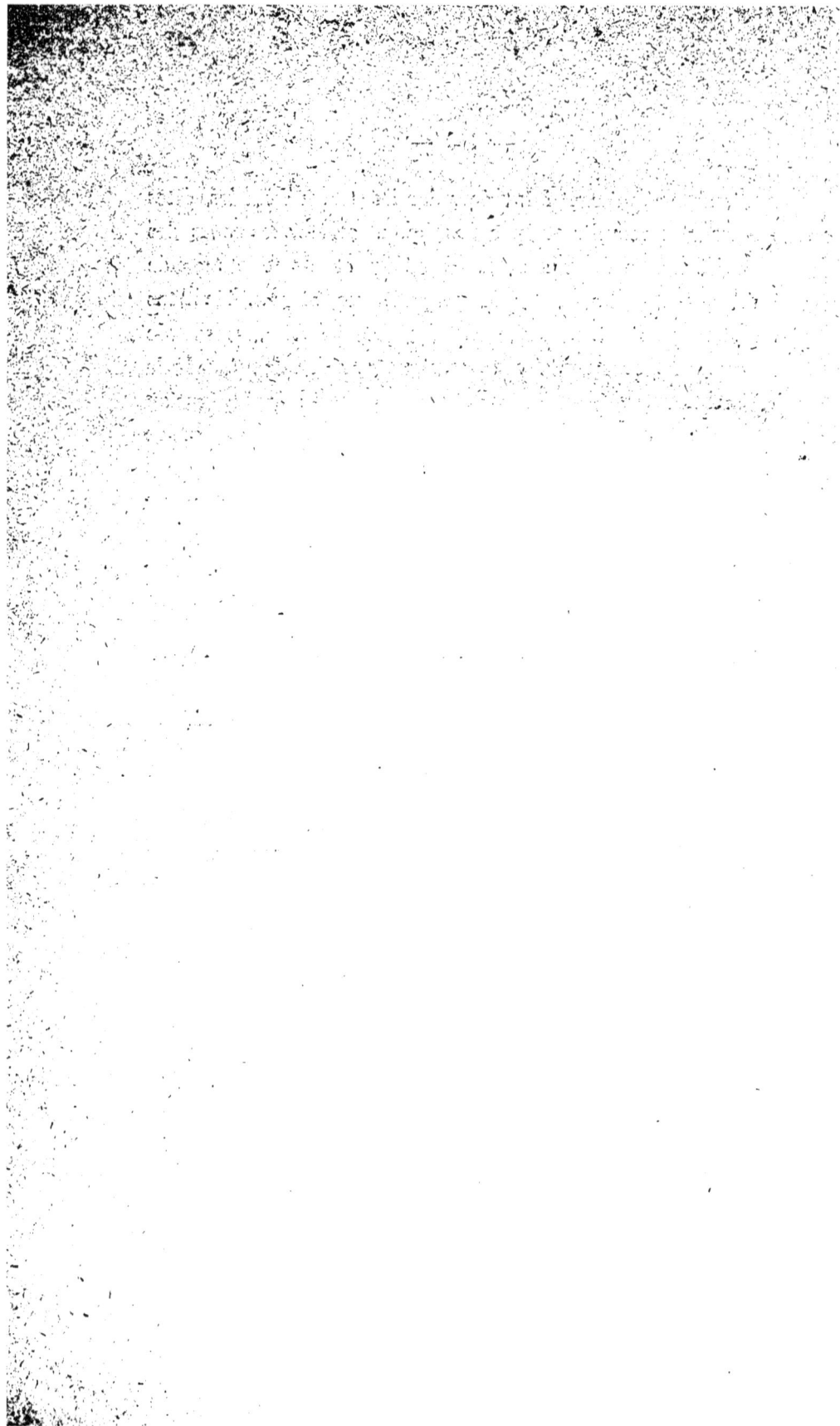

TABLE DES MATIÈRES

Pages

CHAPITRE PREMIER. — Les Eaux blanches d'Étang............ 2

CHAPITRE DEUXIÈME. — Les Eaux de la vallee de la Seine...... 24

CHAPITRE TROISIÈME. — Les Sources dites de Colbert........ 40

CHAPITRE QUATRIÈME. — Service intérieur des Eaux de Versailles. Pièce d'eau des Suisses ... 46

CONCLUSIONS........ 53

CONCLUSIONS GÉNÉRALES.... 54

CHAPITRE CINQUIÈME. — Historique de Versailles de son Palais
et de ses Parcs.................. 57

CHAPITRE SIXIÈME. — Itinéraire des eaux dans les différents réservoirs et bassins du Parc........ 97

APPENDICE 105

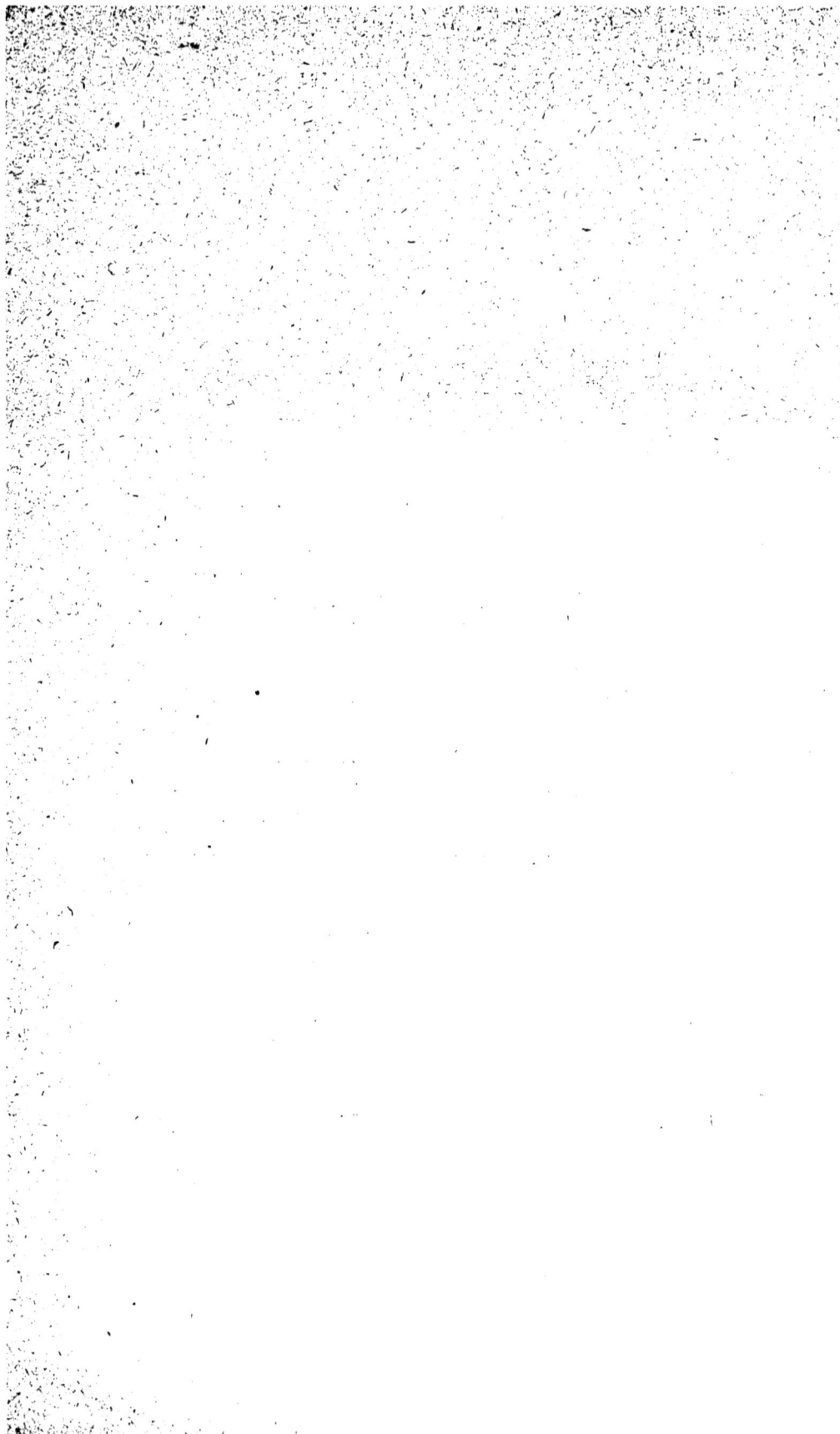

TABLE DES PLANCHES

CONTENUES DANS CE VOLUME

Carte d'ensemble du système des eaux blanches de sources et de Seine alimentant la ville de Versailles.

Réservoirs de la ville.

Analyses des eaux des étangs de Trappes et de Saint-Hubert.

Plan général de la presqu'île Croissy.

Analyses de l'eau du puits de la machine de Marly et du puits n° 1 de la presqu'île de Croissy.

Analyse des eaux de Seine.

Analyse de l'eau des fontaines Nord et Sud.

Analyse de l'eau prise à l'hôpital militaire.

Analyse de l'eau des fontaines Hoche et Saint-Louis.

Analyse de l'eau des fontaines de la rue de Beauvau.

Analyse de l'eau de la pièce d'eau des Suisses.

Plan de Versailles en 1670.

Vue de la grotte de Thétis.

Vue de l'ancienne machine de Marly.

Vue des arcades de Maintenon.